本書の特長と使い方

　本書は，ノートの穴うめで最重要ポイントを整理し，さらに確認問題に取り組むことで，中学理科の基礎を徹底的に固めて定期テストの得点アップを目指すための教材です。

　1単元2ページの構成です。

ここから解説動画が見
くわしくは2ページへ

JN008266

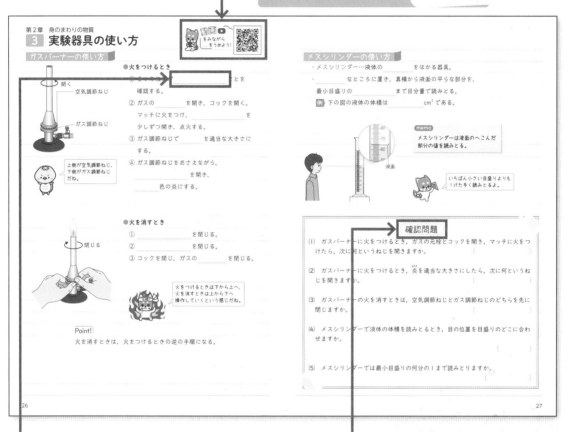

① まとめノート

授業を思い出しながら，＿＿に用語
や数を書きこんでいきましょう。
思い出せないときは，
解説動画を再生してみましょう。

② 確認問題

ノートに整理したポイントが
身についたかどうかを
確認問題で確かめましょう。

登場する
キャラクター

数犬チャ太郎

かっぱ

ICTコンテンツを活用しよう！

本書には，QR コードを読み取るだけで見られる解説動画がついています。
「授業が思い出せなくて何を書きこめばよいかわからない…」そんなときは，
解説動画を見てみましょう。

▶ 解説動画を見よう

❶ 各ページの QR コードを読み取る

スマホでもタブレットでも OK！
PC からは下の URL からアクセスできるよ。
https://cds.chart.co.jp/books/345j4753s9

❷ 動画を見る！

速度調節や全画面表示もできます

便利な使い方

ICT コンテンツが利用できるページをスマホなどのホーム画面に追加することで，毎回
QR コードを読みこまなくても起動できるようになります。くわしくは QR コードを読み
取り，左上のメニューバー「≡」▶「ヘルプ」▶「便利な使い方」をご覧ください。

QR コードは株式会社デンソーウェーブの登録商標です。　内容は予告なしに変更する場合があります。
通信料はお客様のご負担となります。Wi-Fi 環境での利用をおすすめします。また，初回使用時は利用規約を必ずお読みいただき，
同意いただいた上でご使用ください。
ICT とは，Information and Communication Technology（情報通信技術）の略です。

目　次

1 身近な生物の観察

双眼実体顕微鏡の使い方

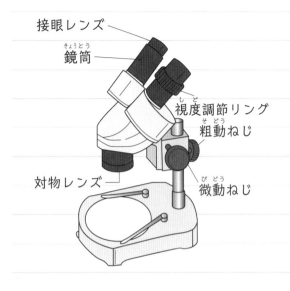

接眼レンズ
鏡筒（きょうとう）
視度調節リング（しど）
粗動ねじ（そどう）
対物レンズ
微動ねじ（びどう）

① 両目でのぞきながら，視野が重なって見えるように　　　　　　の間隔（かんかく）を調節する。

② 　　　　　　でのぞきながら，微動ねじでピントを合わせる。

③ 　　　　　　でのぞきながら，視度調節リングを回してピントを合わせる。

これも覚えよう
双眼実体顕微鏡では，物が立体的に見える。

顕微鏡の使い方

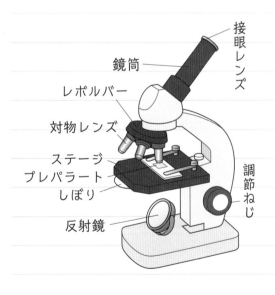

接眼レンズ
鏡筒
レボルバー
対物レンズ
ステージ
プレパラート
しぼり
反射鏡
調節ねじ

① 対物レンズを最も　　　　　　倍率にして，視野全体が明るく見えるように，　　　　　　としぼりを調節する。

② プレパラートをステージにのせ，横から見ながら，対物レンズとプレパラートを　　　　　　。

③ 接眼レンズをのぞいて，対物レンズとプレパラートを　　　　　　ながらピントを合わせる。

レンズは，
接眼レンズ→対物レンズ
の順につけるよ。

ルーペの使い方とスケッチのしかた

●ルーペ

目に近づけてもち，＿＿＿＿＿＿＿＿＿を

前後に動かしてピントを合わせる。

●スケッチ

線を重ねがきしたり，影_{かげ}をつけたりせず，

細い線ではっきりかく。

Point!

ルーペは目に近づけてもつ。

水中の小さな生物

① ②

①の生物の名前は＿＿＿＿＿＿＿＿＿，

②の生物の名前は＿＿＿＿＿＿＿＿＿

である。

確認問題

(1) 双眼実体顕微鏡では，物が平面的に見えますか，立体的に見えますか。

〔　　　　　　　〕

(2) 双眼実体顕微鏡では，視野調節リングを回してピントを合わせるとき，右目と左目のどちらで見ますか。　　　　　　　　〔　　　　　　　〕

(3) 顕微鏡の対物レンズは，はじめは低倍率，高倍率のどちらを使うとよいですか。

〔　　　　　　　〕

(4) ルーペで観察するときは，ルーペと観察する物のどちらを動かしてピントを合わせますか。　　　　　　　　〔　　　　　　　〕

(5) スケッチをするときは，太い線と細い線のどちらでかきますか。

〔　　　　　　　〕

2 花のつくり（アブラナ）

動画をみながら＿＿＿をうめよう！

アブラナの花のつくり

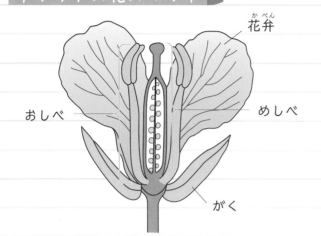

花弁
おしべ
めしべ
がく

アブラナの花には，
中心から順に，
めしべ，＿＿＿＿＿＿，
花弁，＿＿＿＿＿がある。

Point!
いちばん内側に
めしべがある。

めしべのつくり

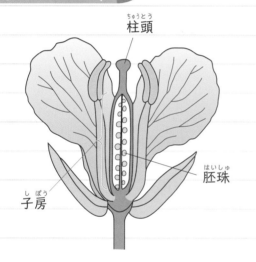

柱頭
胚珠
子房

●めしべの先端の部分…柱頭
●めしべのもとのふくらんだ部分
　…＿＿＿＿＿＿といい，中には
　＿＿＿＿＿＿がある。

これも覚えよう
このようなつくりの
植物を被子植物という。

おしべのつくり

やく
おしべ

●おしべの先端の部分
　…＿＿＿＿＿＿といい，中には
　花粉が入っている。

やくは袋のような
つくりをしている
よ。

果実や種子のでき方

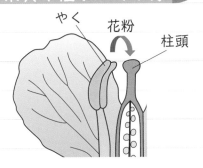

やく　花粉　柱頭

おしべのやくから花粉が出て
めしべの柱頭につくことを

_____　という。

memo
柱頭はねばりけがあり，
花粉がつきやすい。

● 受粉すると…

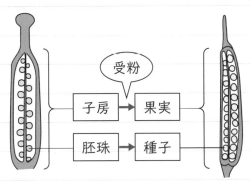

受粉すると，
果実と種子が
できるよ。

子房 ➡ _____ になる。

胚珠 ➡ _____ になる。

Point!
受粉の前と後で名前が変わる。

確認問題

(1) アブラナの花のいちばん外側にあるつくりを何といいますか。　〔　　　　〕

(2) めしべの先端の部分を何といいますか。　〔　　　　〕

(3) おしべの先端にあり，花粉が入っている袋を何といいますか。　〔　　　　〕

(4) 受粉した後，果実になるのはめしべのどの部分ですか。　〔　　　　〕

(5) 胚珠は受粉した後，何になりますか。　〔　　　　〕

3 花のつくり（マツ）

動画 ▶ をみながら ▢をうめよう!

マツの花のつくり

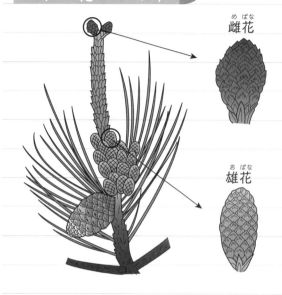

雌花（めばな）

雄花（おばな）

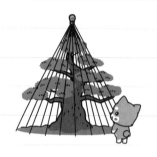

マツの花は，＿＿＿＿＿と雄花に

分かれている。

また，マツの花にはがくや花弁（かべん）がない。

雌花のつくり

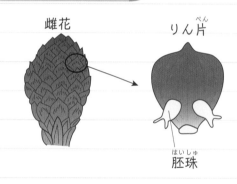

雌花

りん片（ぺん）

胚珠（はいしゅ）

雌花のりん片には＿＿＿＿＿がなく，

＿＿＿＿＿がむき出しになっている。

Point!

マツの雌花には子房（しぼう）がないので，

マツには果実（かじつ）ができない。

りん片は魚のうろこのようなつくりをしているよ。

雄花のつくり

雄花

りん片

花粉のう（かふん）

雄花のりん片には＿＿＿＿＿があり，

中には花粉が入っている。

花粉のうは，アブラナのやくと似ているね。

種子のでき方

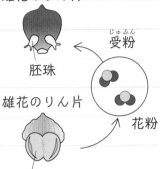

雌花のりん片

胚珠

受粉

雄花のりん片

花粉

花粉のう

●雄花でつくられる花粉が風に飛ばされて，雌花の胚珠に直接ついて受粉する。

➡ 胚珠が種子になる。

memo
雌花が成長すると，まつかさができる。

種子植物のなかま

●種子植物…花を咲かせ，種子をつくってなかまをふやす植物。

● ＿＿＿＿…種子植物のうち，胚珠が子房の中にある植物。

例 アブラナ，エンドウ，ツツジなど。

● ＿＿＿＿…種子植物のうち，子房がなく，胚珠がむき出しになっている植物。

例 マツ，スギ，イチョウなど。

確認問題

(1) マツの花は雌花と何に分かれていますか。　　　　〔　　　　〕

(2) マツの花には，がくや花弁がありますか，ないですか。　〔　　　　〕

(3) マツの雄花にある,花粉が入っている部分を何といいますか。〔　　　　〕

(4) 花を咲かせ，種子をつくってなかまをふやす植物を何といいますか。

〔　　　　〕

(5) (4)のうち，子房がなく，胚珠がむき出しになっている植物を何といいますか。

〔　　　　〕

(6) エンドウの花には，子房がありますか，ないですか。　〔　　　　〕

4 根と茎のつくり

根のつくり

主根

側根（そっこん）

●太い根と細い根からなるもの

太い根を　　　　　　　，細い根を　　　　　　　という。

主根から側根が枝分かれしている。

例 ホウセンカ，アブラナなど。

ひげ根（ね）

●たくさんの細い根からなるもの

太い根がなく，たくさんの細い

　　　　　　　が広がっている。

例 トウモロコシ，イネなど。

●根毛（こんもう）のはたらき

根の先端（せんたん）にある細い毛のようなものを　　　　　　　といい，

根の　　　　　　　を広くして，　　　　　　　の吸収効率を上げている。

根毛は細い根の表面に
たくさんあるよ。

茎（くき）のつくり

- ●　　　　　　　…根から吸い上げた水や，水にとけた養分が通る管。
- ●　　　　　　　…葉でつくられた栄養分が通る管。

Point!

ホウセンカ・アブラナ，トウモロコシ・イネのいずれも，
道管（どうかん）は師管（しかん）よりも茎の中心側にある。

●茎の横断面

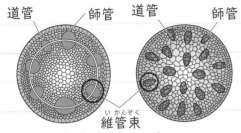

道管　師管　道管　師管

維管束

ホウセンカ，
アブラナなど。

トウモロコシ，
イネなど。

道管と師管が集まって，
束のようになった部分を

＿＿＿＿＿＿　という。

ホウセンカ，アブラナなど…茎の維管束は＿＿＿＿状に並ぶ。

トウモロコシ，イネなど　…茎の維管束は＿＿＿＿＿＿いる。

> **memo**
> 植物の種類ごとに，根や茎の
> つくりは決まっている。

確認問題

(1)　ホウセンカ，アブラナなどで見られる，太い根のことを何といいますか。

〔　　　　　　　〕

(2)　トウモロコシ，イネなどで見られる，たくさんの細い根を何といいますか。

〔　　　　　　　〕

(3)　根の先端にあって，根の表面積を広げるはたらきをする，細い毛のようなもの
を何といいますか。

〔　　　　　　　〕

(4)　葉でつくられた栄養分が通る管を何といいますか。　〔　　　　　　　〕

(5)　道管と師管が集まって束のようになった部分を何といいますか。

〔　　　　　　　〕

5 葉のつくり

葉のつくり

●葉にあるすじを　　　　　　といい，道管と師管が集まった維管束からなる。

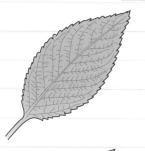

●　　　　　　…網目状の葉脈。

（例）ホウセンカ，サクラなど。

●　　　　　　…平行になっている葉脈。

（例）トウモロコシ，ツユクサなど。

●葉の断面

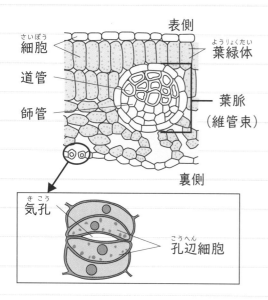

表側
細胞
葉緑体
道管
師管
葉脈
（維管束）
裏側
気孔
孔辺細胞

●細胞…生物のからだをつくる小さな部屋のようなもの。

●　　　　　　…細胞の中にある緑色の小さな粒。葉だけではなく，植物の緑色の部分すべてにある。

memo
葉の維管束は，葉の表側に近いほうに道管，裏側に近いほうに師管がある。

●気孔…葉などの表皮にある三日月形の　　　　　　に囲まれたすきま。

　　　　　　の出口，二酸化炭素と酸素の出入り口で，

ふつうは葉の　　　　　側に多い。

蒸散

● 葉に運ばれた水が，　　　　　　　　となって空気中に出ていく現象を

　　　　　　　といい，おもに葉にある　　　　　　　で行われる。

● 蒸散が行われると…

<u>根からの水の吸い上げが盛んになる。</u>

Point!

植物の根，茎^{くき}，葉はたがいに維管束でつながっていて，

さまざまな物質が植物のからだ全体に運ばれている。

気孔からの蒸散は，
茎でも少し行われるよ。

確認問題

(1) ホウセンカ，サクラなどで見られる，網目状の葉脈を何といいますか。

〔　　　　　　　〕

(2) 生物のからだをつくる，小さな部屋のようなものを何といいますか。

〔　　　　　　　〕

(3) 植物の緑色の部分の細胞にある，緑色の小さな粒を何といいますか。

〔　　　　　　　〕

(4) 葉に運ばれた植物のからだの中の水が，水蒸気となって空気中に出ていく現象
を何といいますか。

〔　　　　　　　〕

(5) (4)はおもにどこで行われますか。

〔　　　　　　　〕

6 種子植物

種子植物

種子植物は，子房があるかないかで2つの種類に分けられる。

● ＿＿＿＿＿植物　　　　　　● ＿＿＿＿＿植物

…胚珠が子房の中にある。　　　…胚珠がむき出しになっている。

9ページの
おさらいだよ。

被子植物の分類

被子植物は，子葉が2枚の双子葉類と，子葉が1枚の単子葉類に分けられる。

子葉の数	＿＿＿類	＿＿＿類
	2枚	1枚
根のつくり	主根と側根	ひげ根
茎の維管束	輪状	ばらばら
葉脈	網状脈	平行脈
植物の例	アブラナ，ツツジなど	ツユクサ，ユリなど

双子葉類の分類

双子葉類は，花弁のつくりによって２つの種類に分けられる。

- ●　_____類…花弁がくっついている。

　　　　例 ツツジ，アサガオなど

ツツジ

- ●　_____類…花弁が離れている。

　　　　例 アブラナ，サクラなど

アブラナ

植物の分類のまとめ

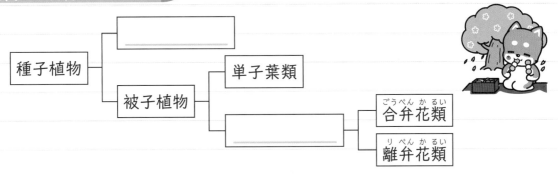

```
種子植物 ┬ [          ]
         └ 被子植物 ┬ 単子葉類
                    └ [          ] ┬ 合弁花類
                                   └ 離弁花類
```

確認問題

(1) 種子植物のうち，胚珠が子房の中にある植物を何といいますか。

〔　　　　　　　　〕

(2) (1)のうち，子葉が２枚の植物を何といいますか。

〔　　　　　　　　〕

(3) 単子葉類の植物がもつ葉脈を何といいますか。　　〔　　　　　　〕

(4) 花弁がくっついている双子葉類の植物を何といいますか。　〔　　　　　〕

(5) サクラの子葉の数は何枚ですか。　　　　　　　　〔　　　枚〕

7 種子をつくらない植物

シダ植物

・種子をつくらず，＿＿＿＿＿をつくってなかまをふやす。

・根・茎(くき)・葉の区別が＿＿＿＿＿。

・葉緑体(ようりょくたい)をもち，葉が緑色をしていて光合成を行う。

例 イヌワラビ，ゼンマイなど

> 種子植物は種子で，
> シダ植物は胞子で
> ふえるんだね。

●シダ植物のつくり

胞子(ほうし)は＿＿＿＿＿という袋(ふくろ)のようなつくりに入っている。

胞子のうは，葉の＿＿＿＿＿側に多く見られる。

〈イヌワラビ〉

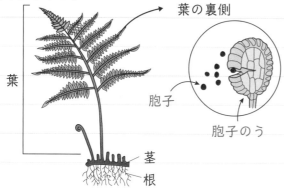

葉の裏側

葉

胞子

胞子のう

茎

根

> memo
> シダ植物の茎は地中に
> あることが多い。

コケ植物

・シダ植物と同じように，＿＿＿＿＿をつくってなかまをふやす。

・根・茎・葉の区別が＿＿＿＿＿。

・水は＿＿＿＿＿からとり入れている。

例 ゼニゴケ，スギゴケなど

Point!

シダ植物とコケ植物は水のとり入れ方が異なる。

●コケ植物のつくり

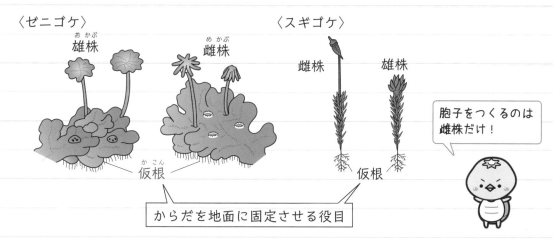

〈ゼニゴケ〉

雄株（おかぶ）　雌株（めかぶ）

〈スギゴケ〉

雌株　雄株

仮根（かこん）

仮根

からだを地面に固定させる役目

胞子をつくるのは**雌株**だけ！

・ゼニゴケ，スギゴケなどには雄株と雌株があり，

胎子は＿＿＿＿株にある＿＿＿＿＿＿＿＿に入っている。

・根のように見えるつくりは＿＿＿＿＿＿といい，からだを地面に固定させる

役目をもつ。

確認問題

(1) イヌワラビ，ゼンマイなどの植物を何といいますか。　〔　　　　〕

(2) (1)の植物や，ゼニゴケ，スギゴケなどの植物は，何をつくってなかまをふやし
ますか。　〔　　　　〕

(3) シダ植物には，根・茎・葉の区別がありますか，ありませんか。

〔　　　　〕

(4) コケ植物には，根・茎・葉の区別がありますか，ありませんか。

〔　　　　〕

(5) コケ植物に見られる，からだを地面に固定させる役目をもつ根のようなつくり
を何といいますか。　〔　　　　〕

8 植物のなかま分け

●植物は，種子をつくる ＿＿＿＿＿＿＿ と，

種子をつくらない植物に分類できる。

植物

種子植物　　種子をつくる　　　　　　種子をつくらない

種子をつくらない植物は，胞子でふえるよ。

●種子植物は，胚珠が子房の中にある ＿＿＿＿＿＿＿ と，

胚珠がむき出しになっている ＿＿＿＿＿＿＿ に分類できる。

種子植物
種子をつくる

被子植物　胚珠が子房の中にある

裸子植物
胚珠がむき出し
（マツ，イチョウなど）

●被子植物は，子葉の数が2枚の ＿＿＿＿＿＿＿ と，

子葉の数が1枚の ＿＿＿＿＿＿＿ に分類できる。

被子植物
胚珠が子房の中にある

双子葉類
子葉が2枚
主根と側根
茎の維管束が輪状
葉脈が網状脈

単子葉類
子葉が1枚
ひげ根
茎の維管束がばらばら
葉脈が平行脈
（ツユクサ，ユリなど）

これも覚えよう

双子葉類と単子葉類では，子葉の数のほかに，根の
つくり，維管束の並び方，葉脈の形も異なる。

●双子葉類は，花弁がくっついている ＿＿＿＿＿＿＿ と，
花弁が離れている ＿＿＿＿＿＿＿ に分類できる。

```
          双子葉類
    ┌────────┴────────┐
  合弁花類            離弁花類
花弁がくっついている    花弁が離れている
（ツツジ，アサガオなど）  （アブラナ，サクラなど）
```

●種子をつくらない植物は，根・茎・葉の区別がある ＿＿＿＿＿＿＿ と，
根・茎・葉の区別がない ＿＿＿＿＿＿＿ に分類できる。

```
        種子をつくらない植物
    ┌────────┴────────┐
  シダ植物            コケ植物
胞子でふえる          胞子でふえる
根，茎，葉の区別がある   根，茎，葉の区別がない
（イヌワラビなど）      （ゼニゴケなど）
```

確認問題

(1) 種子植物は，被子植物と何植物に分類できますか。 〔　　　　　〕

(2) 双子葉類と単子葉類は，何の数のちがいによる分類ですか。 〔　　　　　〕

(3) 双子葉類はさらに何のつき方で分類されますか。 〔　　　　　〕

(4) シダ植物とコケ植物は，何の区別があるかないかで分類されますか。
〔　　　　　〕

(5) ユリ・ツツジ・サクラは，シダ植物・コケ植物とは何をつくる点がちがいますか。
〔　　　　　〕

9 動物の生活と体のつくり

肉食動物と草食動物

● 肉食動物…ほかの動物を食べる動物。獲物をとらえてその肉を食べるため，

＿＿＿＿＿＿ が発達している。 例 ライオンなど

● ＿＿＿＿＿＿＿＿＿…植物を食べる動物。草をすりつぶすなどして食べるため，

＿＿＿＿＿＿ が発達している。 例 シマウマなど

脊椎動物

背骨をもつ動物を ＿＿＿＿＿＿＿＿ という。

	生活場所	呼吸	ふえ方	体表
魚類			卵生	うろこ
両生類（カエルなど）	子： / 親：	子： / 親：	卵生	湿った皮ふ
は虫類（ヤモリなど）	おもに陸上	肺	卵生	うろこ
鳥類	陸上	肺	卵生	羽毛
ほ乳類	おもに陸上	肺	胎生	毛

● 卵生…親が ＿＿＿＿＿ をうみ， ＿＿＿＿＿ から子がかえる。

● ＿＿＿＿＿＿…母親の体内である程度成長した子がうまれる。

● **脊椎動物の例**

・ ＿＿＿＿＿ 類…アジ，マグロ，サメなど。

・ ＿＿＿＿＿ 類…カエル，イモリ，オオサンショウウオなど。

・ ＿＿＿＿＿ 類…ヤモリ，ヘビ，カメなど。

・ ＿＿＿＿＿ 類…ハト，タカ，ペンギンなど。

・ ＿＿＿＿＿ 類…ヒト，イルカ，コウモリなど。

イモリは両生類，
ヤモリはは虫類
だよ。

無脊椎動物

背骨をもたない動物を ＿＿＿＿＿＿＿ という。

● 節足動物…体の外側にかたい ＿＿＿＿＿ をもち，体に多くの ＿＿＿＿＿ がある動物。

カブトムシ・チョウなどの ＿＿＿＿＿＿ ，

エビ・カニなどの ＿＿＿＿＿＿＿ ， クモ，ムカデなどがふくまれる。

ミジンコ

5ページで出てきた
ミジンコも節足動物だよ。

● ＿＿＿＿＿＿＿ …骨格をもたず，内臓が ＿＿＿＿＿＿＿ でおおわれている動物。

タコ，イカ，アサリ，マイマイなど。

Point!

軟体動物は，水中で生活するものが多い。

● その他の無脊椎動物…ヒトデ，イソギンチャク，ミミズなど。

確認問題

(1) シマウマのように植物を食べる動物を何といいますか。 〔　　　　　〕

(2) 脊椎動物は，何をもつ動物のなかまですか。 〔　　　　　〕

(3) 脊椎動物で，胎生である動物のなかまは何類ですか。 〔　　　　　〕

(4) かたい外骨格をもち，体に多くの節がある無脊椎動物のなかまを何といいますか。 〔　　　　　〕

(5) 軟体動物の内臓をおおうやわらかい膜を何といいますか。 〔　　　　　〕

1 物質の分類

有機物と無機物

●有機物…　　　　　　　をふくむ物質。

有機物を加熱すると，燃えて　　　　　　　　　　と水が発生する。

例　砂糖，プラスチック，紙，プロパンなど。

> **memo**
> 有機物にはふつう水素もふくまれており，
> 燃えると水ができる。

●　　　　　　　…有機物以外の物質。

例　食塩，鉄，ガラス，酸素，水など。

> 理科の実験器具は
> ガラスでできている
> ものが多いね。

> ### これも覚えよう
> 物体…形や使い方などに注目したときのもののよび方。
> 物質…つくっている材料に注目したときのもののよび方。

金属と非金属

金属…鉄や銅などの物質。次の共通した性質をもつ。

●すべての金属にあてはまる性質

・電気をよく通す。

・みがくと　　　　　　が出る。

・引っ張ると，細くのびる。

・たたくと，うすく　　　　　　　。

・　　　　　をよく伝える。

> 金属をみがくと出る
> 光沢は金属光沢とも
> いうよ。

_____…金属以外の物質。 例 ガラス，木など

物質は，金属と
非金属に分類で
きるんだよ。

・鉄…磁石に_____。

・アルミニウムや銅…磁石に_____。

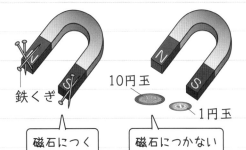

鉄くぎ　　　10円玉

1円玉

磁石につく　　磁石につかない

磁石につく性質は，金属共通の性質ではない。

スチール缶は磁石につくけど，
アルミ缶は磁石につかないよね。

確認問題

(1) 紙，砂糖などの，炭素をふくむ物質を何といいますか。 〔　　　　　〕

(2) 炭素をふくむ物質を燃やすと，何ができますか。 〔　　　　　〕

(3) 鉄や銅などの物質は，熱をよく伝える性質のほかに，何をよく通す性質があり
ますか。 〔　　　　　〕

(4) ガラスや木など，金属以外の物質を何といいますか。 〔　　　　　〕

(5) スチール缶とアルミ缶を区別するには，何を近づけるとよいですか。

〔　　　　　〕

2 質量・体積と物質の区別

密度

●密度…単位体積あたりの質量。

・ふつう，1 cm³ あたりの質量で表し，その単位は，

　　　　　　　　　（グラム毎立方センチメートル）である。

・密度は，物質によって大きさが決まっているので，

　密度によって物質を区別することが　　　　　　　　。

●密度を求める公式

$$物質の密度〔\qquad〕 = \frac{物質の\qquad 〔g〕}{物質の\qquad 〔cm^3〕}$$

└─ グラム毎立方センチメートル

（例題）体積が 50.0 cm³ の酢（酢酸）の質量が 52.5 g であるとき，

　この酢の密度を求めなさい。

$$\frac{\qquad 〔g〕}{\qquad 〔cm^3〕} = 1.05 〔\qquad〕$$

Point!

密度の大きさは，物質の種類によって決まっている。

水の密度は，1 g/cm³ だよ。

物体の浮き沈み

・液体中の物体の浮き沈みは，液体と物体の　　　　　　の大小で決まる。

・物体の密度が，液体の密度より大きいと，物体は液体に　　　　　　。

・物体の密度が，液体の密度より小さいと，物体は液体に　　　　　　。

例 液体…水（密度 1.0 g/cm³）

物体…氷（密度 0.9 g/cm³）

➡ 水の密度 > 氷の密度

➡ 氷（物体）は水（液体）に ＿＿＿＿＿＿＿＿＿。

氷
水

例 液体…水（密度 1.0 g/cm³）

物体…鉄（密度 7.9 g/cm³）

➡ 水の密度 < 鉄の密度

➡ 鉄（物体）は水（液体）に ＿＿＿＿＿＿＿＿＿。

水
鉄

Point!

液体中での物体の浮き沈みを調べるには，

液体の密度と物体の密度を比べる。

確認問題

(1) 物質の密度の単位は，ふつう，どのように表されますか。 〔　　　　　〕

(2) 質量 20.0 g，体積 10.0 cm³ の物質の密度を，単位をつけて求めなさい。

〔　　　　　g/cm³〕

(3) 密度 2.7 g/cm³，体積 10.0 cm³ の質量を，単位をつけて求めなさい。

〔　　　　　g〕

(4) 密度 9.0 g/cm³ の銅は，密度 1.0 g/cm³ の水に浮きますか，沈みますか。

〔　　　　　〕

(5) 密度 0.9 g/cm³ のプラスチックは，密度 1.0 g/cm³ の水に浮きますか，沈みますか。

〔　　　　　〕

3 実験器具の使い方

動画をみながら＿＿＿＿をうめよう！

ガスバーナーの使い方

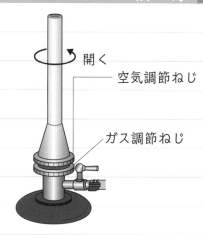

開く

空気調節ねじ

ガス調節ねじ

上側が空気調節ねじ，下側がガス調節ねじだね。

●火をつけるとき

① 2つのねじが ＿＿＿＿＿＿＿ ことを確認する。

② ガスの ＿＿＿＿＿ を開き，コックを開く。マッチに火をつけ，＿＿＿＿＿＿＿＿＿ を少しずつ開き，点火する。

③ ガス調節ねじで ＿＿＿＿ を適当な大きさにする。

④ ガス調節ねじをおさえながら，＿＿＿＿＿＿＿ を開き，＿＿＿＿ 色の炎にする。

●火を消すとき

① ＿＿＿＿＿＿＿＿＿ を閉じる。

② ＿＿＿＿＿＿＿＿＿ を閉じる。

③ コックを閉じ，ガスの ＿＿＿＿＿ を閉じる。

閉じる

火をつけるときは下から上へ，火を消すときは上から下へ操作していくという感じだね。

Point!

火を消すときは，火をつけるときの逆の手順になる。

メスシリンダーの使い方

- ・メスシリンダー…液体の　　　　　　　をはかる器具。

- ・　　　　　　なところに置き，真横から液面の平らな部分を，

最小目盛りの　　　　　　　まで目分量で読みとる。

例　下の図の液体の体積は　　　　　　　cm^3 である。

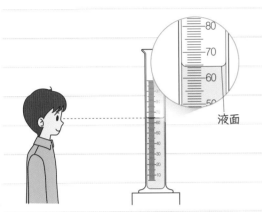

液面

memo

メスシリンダーは液面のへこんだ
部分の値を読みとる。

いちばん小さい目盛りよりも
1けた多く読みとるよ。

確認問題

(1)　ガスバーナーに火をつけるとき，ガスの元栓（もとせん）とコックを開き，マッチに火をつけたら，次に何というねじを開きますか。　　　〔　　　　　　　〕

(2)　ガスバーナーに火をつけるとき，炎を適当な大きさにしたら，次に何というねじを開きますか。　　　〔　　　　　　　〕

(3)　ガスバーナーの火を消すときは，空気調節ねじとガス調節ねじのどちらを先に閉じますか。　　　〔　　　　　　　〕

(4)　メスシリンダーで液体の体積を読みとるとき，目の位置を目盛りのどこに合わせますか。

〔　　　　　　　〕

(5)　メスシリンダーでは最小目盛りの何分の1まで読みとりますか。

〔　　　　　　　〕

4 気体の集め方と性質

気体の集め方

● ＿＿＿＿＿＿＿法

水にとけ＿＿＿＿＿＿＿＿＿＿

気体を集めるのに適している。

> **memo**
>
> 水素や酸素は，水にとけにくいので，
> 水上置換法で集める。

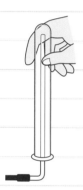

● ＿＿＿＿＿＿＿法

水にとけ＿＿＿＿＿＿＿，空気より＿＿＿

気体を集めるのに適している。

> **memo**
>
> アンモニアは，水によくとけて，空気よりも
> 軽いので，上方置換法で集める。

● ＿＿＿＿＿＿＿法

水にとけ＿＿＿＿＿＿＿，空気より＿＿＿

気体を集めるのに適している。

> **memo**
>
> 二酸化炭素は空気より重いが，水に
> 少ししかとけないので，水上置換法
> でも下方置換法でも集められる。

Point!

気体の集め方を決めるときは，

まず，集める気体の水へのとけやすさに着目する。

いろいろな気体の性質

がんばって覚えよう。

● **酸素**

水に＿＿＿＿＿＿＿＿＿，空気より少し重い。

色やにおいは＿＿＿＿＿，ものを燃やすはたらき（助燃性）がある。

● **二酸化炭素**

水に少し＿＿＿＿＿＿，空気よりも重い。

色やにおいは＿＿＿＿＿，＿＿＿＿＿＿＿＿を白くにごらせる。

● **水素**

水に＿＿＿＿＿＿＿＿，空気よりも＿＿＿＿＿＿＿。

色やにおいは＿＿＿＿＿，火をつけると＿＿＿＿＿＿＿＿。

● **アンモニア**

水によく＿＿＿＿＿＿，空気よりも＿＿＿＿＿＿。

色は＿＿＿＿＿，＿＿＿＿＿臭(しゅう)がある。

確認問題

(1) 水にとけにくい気体を集める方法を何といいますか。　〔　　　　　〕

(2) 水にとけやすく，空気より軽い気体を集める方法を何といいますか。

〔　　　　　〕

(3) 水にとけやすく，空気より重い気体を集める方法を何といいますか。

〔　　　　　〕

(4) 空気より重く，石灰水(せっかいすい)を白くにごらせる気体は何ですか。

〔　　　　　〕

(5) 水にとけにくく，空気より軽くて，火をつけると燃える気体は何ですか。

〔　　　　　〕

5 いろいろな気体の発生

動画をみながら＿＿をうめよう!

酸素

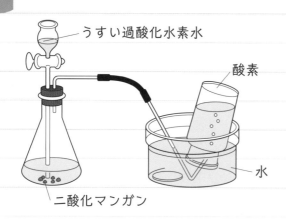

うすい過酸化水素水

酸素

水

二酸化マンガン

うすい過酸化水素水は，オキシドールとも呼ばれるよ。

・発生方法… ＿＿＿＿＿＿＿＿＿ にうすい ＿＿＿＿＿＿＿ を加える。

・性質…ものを燃やすはたらき（助燃性）がある。

Point!

酸素は，ほかのものを燃やすはたらきがあるが，

酸素そのものは燃えない。

二酸化炭素

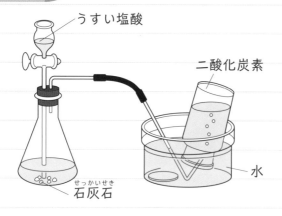

うすい塩酸

二酸化炭素

水

せっかいせき
石灰石

memo

石灰石のかわりに
貝殻を使っても
二酸化炭素が発生する。

・発生方法… ＿＿＿＿＿＿ にうすい ＿＿＿＿ を加える。

・性質… ＿＿＿＿＿＿ を白くにごらせる。

水素

水素

うすい塩酸

亜鉛（あえん）などの金属

水

memo

亜鉛のかわりに鉄を使っても
水素が発生する。

・発生方法…_____ などの金属に，うすい_____ を加える。

　水にとけにくいので，_____ で集める。

・性質…燃えて_____ ができる。

これも覚えよう

水素は，すべての物質のなかで，
いちばん密度（みつど）の小さい物質である。

アンモニア

・発生方法…_____ と水酸化カルシウムの

　混合物（こんごうぶつ）を_____ する。

・性質…刺激臭（しげきしゅう）があり，水によく_____ 。

確認問題

(1) 二酸化マンガンにうすい過酸化水素水（オキシドール）を加えると発生する気体
は何ですか。　　　　　　　　　　　　　　　　　　　　　　〔　　　　　　　〕

(2) 二酸化炭素は，何にうすい塩酸を加えると発生しますか。　〔　　　　　　　〕

(3) 水素は，亜鉛に何を加えると発生しますか。　　　　　　　〔　　　　　　　〕

(4) 塩化アンモニウムと水酸化カルシウムの混合物を加熱すると発生する気体は何
ですか。　　　　　　　　　　　　　　　　　　　　　　　　〔　　　　　　　〕

(5) 水素が燃えると何ができますか。　　　　　　　　　　　　〔　　　　　　　〕

6 水溶液の性質

動画をみながら＿＿＿をうめよう！

物質の溶解

●溶液…物質がとけている液全体。

水に物質がとけた液体を ＿＿＿＿＿＿ という。

● ＿＿＿＿＿…溶液にとけている物質。

● ＿＿＿＿＿…溶質をとかしている液体。

溶質が溶媒にとける
ことを溶解というよ。

memo
溶質は固体だけでなく気体や液体の場合もあるが,
溶媒はつねに液体である。

例 食塩水

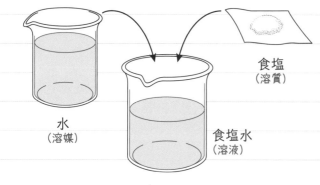

食塩
(溶質)

水
(溶媒)

食塩水
(溶液)

これも覚えよう

食塩は, 塩化ナトリウム
という物質である。

➡ 溶液は食塩水, 溶質は ＿＿＿＿＿, 溶媒は ＿＿＿＿ である。

Point!
水溶液は必ず透明になっている。

●溶質が気体や液体の場合もある。

例 炭酸水…二酸化炭素(気体)の水溶液。

過酸化水素水…過酸化水素(液体)の水溶液。

牛乳は透明じゃない
から, 水溶液じゃな
いんだね。

溶液中の溶質の状態

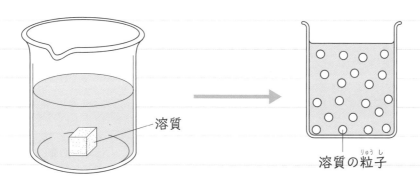

溶質

溶質の粒子

・溶質は，溶液中で小さな ＿＿＿＿＿ となって一様に散らばっている。

・溶液のどの部分をとっても，濃さは ＿＿＿＿＿ である。

・溶液を放置しておいても，とけている物質が出てくることは ＿＿＿＿＿。

確認問題

(1) 水に物質がとけている液体を何といいますか。 〔　　　　　〕

(2) 溶液にとけている物質を何といいますか。 〔　　　　　〕

(3) 食塩水で，溶媒にあたる物質は何ですか。 〔　　　　　〕

(4) 溶液の上のほうと下のほうの濃さは，同じですか，ちがいますか。

〔　　　　　〕

(5) 溶液を長時間置いておくと，とけている物質は出てきますか，出てきませんか。

〔　　　　　〕

7 質量パーセント濃度

質量パーセント濃度

質量パーセント濃度…溶液にふくまれている ＿＿＿＿＿＿＿ の質量の割合を

百分率（記号 ＿＿＿＿＿ ）で表したもの。

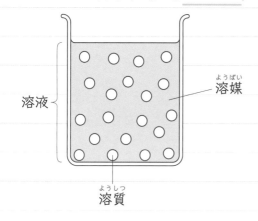

溶液

溶媒（ようばい）

溶質（ようしつ）

> 濃度とは，溶液に
> 対する溶質の質量の割合
> のことだよ。

●質量パーセント濃度を求める式

質量パーセント濃度〔％〕

$$= \frac{\text{＿＿＿＿の質量〔g〕}}{\text{＿＿＿＿の質量〔g〕}} \times 100$$

$$= \frac{\text{＿＿＿＿の質量〔g〕}}{\text{＿＿＿＿の質量〔g〕＋溶質の質量〔g〕}} \times 100$$

memo

溶媒と溶質を合わせたものが溶液である。

Point!

百分率（％）で表すとは，溶液 100 g に溶質が何 g とけているか

を表すということ。

質量パーセント濃度の計算

（例題１）水 80 g に塩化ナトリウム 20 g をとかした

塩化ナトリウム水溶液の質量パーセント濃度

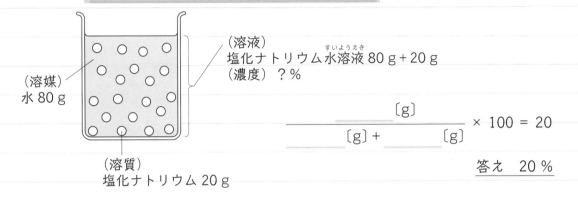

（溶液）
塩化ナトリウム水溶液 80 g ＋ 20 g
（濃度）？％

（溶媒）
水 80 g

（溶質）
塩化ナトリウム 20 g

$$\frac{\qquad〔g〕}{\qquad〔g〕+ \qquad〔g〕} × 100 = 20$$

答え　20 ％

（例題２）5 ％の塩化ナトリウム水溶液 200 g にとけている塩化ナトリウムの質量

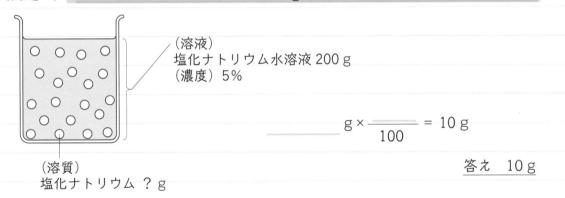

（溶液）
塩化ナトリウム水溶液 200 g
（濃度）5％

（溶質）
塩化ナトリウム ？ g

$$\underline{\qquad} g × \frac{\qquad}{100} = 10 \ g$$

答え　10 g

確認問題

(1)　質量パーセント濃度は，溶液にふくまれている何の質量の割合を表したものですか。

〔　　　　　　〕

(2)　砂糖 20.0 g をとかした砂糖水 200 g の質量パーセント濃度は何％ですか。

〔　　　　　　％〕

(3)　3.0％の砂糖水 80 g にとけている砂糖の質量は何 g ですか。

〔　　　　　　g〕

8 溶質のとり出し方

飽和水溶液と溶解度

●物質がそれ以上とけることができない水溶液を＿＿＿＿＿＿という。

●100 gの水にそれ以上とけることができない物質の質量を＿＿＿＿＿＿という。

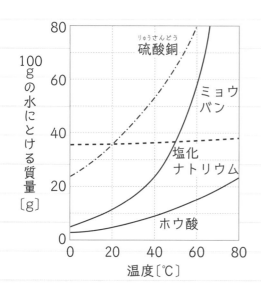

●＿＿＿＿＿＿…溶解度と温度の関係をグラフで表したもの。

温度が高くなると,溶解度の値も大きくなるね。

Point!

溶解度は, 溶質の種類ごとに決まっており,

温度によって値が変わる。

再結晶

●いくつかの平面で囲まれた規則正しい形をした固体を＿＿＿＿＿という。

●固体の物質をいったん溶媒にとかし, 溶解度の差などを利用して

再び結晶としてとり出すことを＿＿＿＿＿という。

memo

再結晶をすることで,不純物をふくむ物質から,
純粋な物質を得ることができる。

ろ過のやり方

● ろ紙などを使って液体と固体を分けることを ＿＿＿＿＿＿＿＿ という。

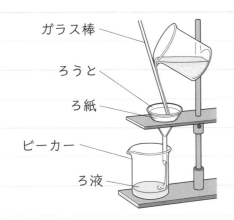

ガラス棒
ろうと
ろ紙
ビーカー
ろ液

① ＿＿＿＿＿＿＿＿ のあしの長いほうを

ビーカーのかべにあてる。

② 液体を ＿＿＿＿＿＿＿ に伝わらせて注ぐ。

> ガラス棒は，ろうとの
> 側面のろ紙が重なって
> いるところにあてよう。

Point!

ろ紙の上には，ろ紙のすきまより

大きい固体が残る。

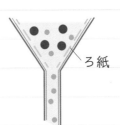

ろ紙

確認問題

(1) 物質がそれ以上とけることができない水溶液を何といいますか。

〔　　　　　　　　　〕

(2) 100gの水にそれ以上とけることができない物質の質量を何といいますか。

〔　　　　　　　　　〕

(3) 固体の物質をいったん溶媒にとかし，溶解度の差などを利用して再び結晶とし
てとり出すことを何といいますか。

〔　　　　　　　　　〕

(4) 40℃の硫酸銅の飽和水溶液から，硫酸銅を結晶として再結晶でとり出すには，
温度をどのように変えればよいですか。

〔　　　　　　　　　〕

9 状態変化と温度

動画をみながら＿＿＿をうめよう！

状態変化

物質が温度によって固体，液体，気体とすがたを変えることを＿＿＿＿＿という。

・固体→液体→気体と変化すると，ふつう，体積は＿＿＿＿＿なる。

・状態変化では，体積は変化＿＿＿＿＿が，質量は変化＿＿＿＿＿。

・同じ質量で状態のちがう物質の体積を比べると…

　多くの物質：固体の体積のほうが，液体の体積より＿＿＿＿＿。

　水（例外）　：固体（氷）の体積のほうが，液体（水）の体積より＿＿＿＿＿。

●状態変化と物質の粒子の動き

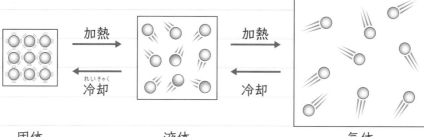

| 固体 | 液体 | 気体 |

＿＿＿のとき，物質の粒子はあまり動かない。

・加熱すると…

　固体 ➡ 液体…物質の粒子は少し動きまわる。

　液体 ➡ ＿＿＿＿…物質の粒子ははげしく動くようになる。

・冷却すると…

　気体 ➡ ＿＿＿＿…物質の粒子の動きはにぶくなる。

　液体 ➡ ＿＿＿＿…物質の粒子はほとんど動かなくなる。

状態が変化しても，粒子の数は変わらないね。

Point!

固体→液体→気体と変化するにつれて，

物質の粒子は自由に動けるようになる。

融点と沸点

固体がとけて液体に変化するときの温度を ＿＿＿＿＿＿ といい，

液体が沸とうして気体に変化するときの温度を ＿＿＿＿＿＿ という。

●水の状態変化

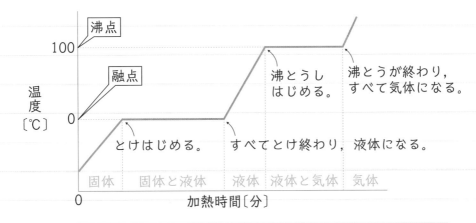

これも覚えよう
固体がとけはじめてからすべて液体になるまでの間と，
気体が沸とうしはじめてからすべて気体になるまでの
温度は一定である。

確認問題

(1) 物質が温度によって固体，液体，気体とすがたを変えることを何といいますか。

〔　　　　　　　　〕

(2) 物質が状態変化するとき，質量はどうなりますか。　〔　　　　　　　　〕

(3) 物質の粒子がよりはげしく動くようになるのは，物質の状態が液体から何に変
化するときですか。　〔　　　　　　　　〕

(4) 固体がとけて液体に変化するときの温度を何といいますか。　〔　　　　　　　　〕

---

10 混合物の分け方

動画をみながら＿＿＿をうめよう！

純粋な物質と混合物

●純粋な物質（純物質）…＿＿＿種類の物質でできているもの。

例 塩化ナトリウム

酸素

二酸化炭素

酸化マグネシウム　など。

物質は，純粋な物質と混合物に分けられるよ。

● ＿＿＿＿＿…2種類以上の物質が混ざり合ったもの。

融点と沸点は一定で＿＿＿＿＿＿。

例 海水（食塩＋水など），

空気（窒素＋酸素＋二酸化炭素など）

砂糖水（砂糖＋水）

みりん（水＋エタノールなど）　など。

Point!

純粋な物質の融点と沸点は一定になるが，

混合物の融点や沸点は一定にならない。

混合物の分け方

●蒸留…液体を加熱して＿＿＿＿＿＿させ，

出てくる気体を冷やして再び液体にして集める方法。

これも覚えよう

蒸留は，混合物にふくまれるそれぞれの物質の沸点が異なる点を利用している。

蒸留は，医薬品，農薬，酒，ガソリンなどをつくるときに利用されているよ。

●水とエタノールの混合物の分け方

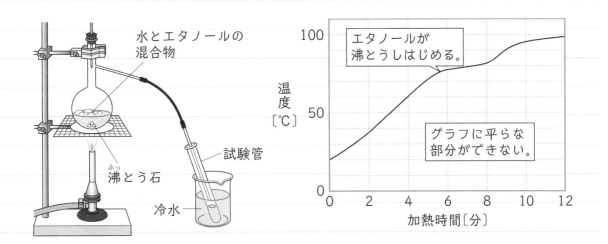

沸点が _____ ℃の水と，沸点が 78 ℃のエタノールの混合物を加熱すると，

沸点の低い _____ が先に気体となる。

➡ _____ のほうが先に試験管に出てくる。

memo
試験管に出てきた気体を調べるには，エタノールには
においがあり，火をつけると燃える性質を利用する。

確認問題

(1) 2種類以上の物質が混ざり合ったものを何といいますか。 〔　　　　　〕

(2) 水，海水，砂糖水のうち，純粋な物質はどれですか。 〔　　　　　〕

(3) 酸素，二酸化炭素，空気のうち，混合物はどれですか。 〔　　　　　〕

(4) 液体を加熱して沸とうさせ，出てくる気体を冷やして再び液体にして集める方法を何といいますか。 〔　　　　　〕

(5) 水とエタノールの混合物を蒸留によって分離できるのは，水とエタノールでは何がちがうからですか。 〔　　　　　〕

1 光の性質

 動画 ▶ をみながら ____をうめよう！

光の反射（はんしゃ）

●光が物体にあたり，はね返ることを，光の ＿＿＿＿＿ という。

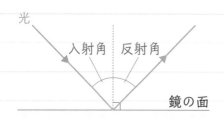

●**入射角（にゅうしゃかく）と反射角（はんしゃかく）の関係**

入射角 ＿＿＿＿ 反射角

　　　⌐‥‥‥‥ 等号「＝」，または，不等号「＜」「＞」を入れよう。

入射角と反射角の大きさはつねに等しくなるよ。

これも覚えよう
入射角と反射角の大きさが等しいことを反射の法則という。

光の屈折（くっせつ）

●空気とガラスなど，異なる物体の境界面で，

光が折れ曲がって進むことを光の ＿＿＿＿＿ という。

●**入射角と屈折角の関係**

・光が空気中から水中（ガラス中）へ進むとき

入射角 ＿＿＿＿ 屈折角

　　　⌐‥‥‥‥ 等号「＝」，または，不等号「＜」「＞」を入れよう。

・光が水中（ガラス中）から空気中へ進むとき

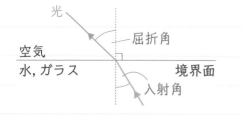

入射角 ＿＿＿＿ 屈折角

全反射

●光が水中（ガラス中）から空気中へ進むとき，光が空気中へ出ていかずに，境界面ですべて反射する現象を　　　　　　　という。

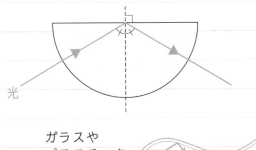

光

memo
全反射は，入射角が一定の角度以上に大きくなったときに起こる。

ガラスや
プラスチック

光

全反射しながら進む

光ファイバーは，全反射を利用しているよ。

確認問題

(1) 光が物体にあたり，はね返ることを何といいますか。　〔　　　　　　〕

(2) 光が鏡の面で反射するとき，入射角と反射角の大きさはどのようになりますか。
〔　　　　　　〕

(3) 異なる物体の境界面で，光が折れ曲がって進むことを何といいますか。
〔　　　　　　〕

(4) 光が空気中から水中へ進むとき，屈折角は入射角に比べてどのようになりますか。　〔　　　　　　〕

(5) 光が水中（ガラス中）から空気中へ進むとき，光が空気中へ出ていかずに，境界面ですべて反射する現象を何といいますか。　〔　　　　　　〕

2 凸レンズと像

凸レンズ

●中心が外側にふくらんでいるレンズを　　　　　　　という。

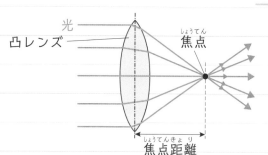

虫めがねには,
凸レンズが使わ
れているよ。

● _____ …光が凸レンズで屈折して集まる点。

● _____ …凸レンズの中心から焦点までの距離。

凸レンズの性質

●凸レンズの中心と焦点を通る直線を　　　　　　　という。

●**凸レンズを通る光の進み方**

光軸に平行な光

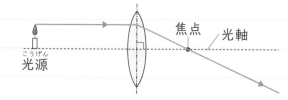

凸レンズを通った後,

_____ を通る。

凸レンズの中心を通る光

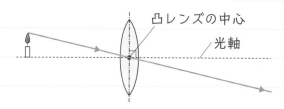

凸レンズを通った後,

_____ する。

焦点を通ってレンズに入った光

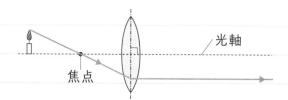

凸レンズを通った後,

光軸に _____ に進む。

像のでき方

物体が焦点の外側にあるとき

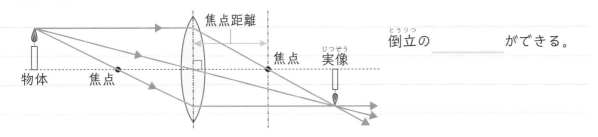

焦点距離

物体　焦点　焦点　実像（じっぞう）

倒立の _____ ができる。

物体が焦点の内側にあるとき

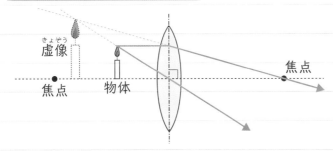

虚像（きょぞう）　焦点　物体　焦点

正立の _____ ができる。

memo
物体と凸レンズの距離によって，
できる像の種類が変わる。

確認問題

(1) 光が凸レンズで屈折して集まる点を何といいますか。　〔　　　　〕

(2) 凸レンズの中心から焦点までの距離を何といいますか。　〔　　　　〕

(3) 凸レンズの中心を通る光は，凸レンズを通った後，どのように進みますか。
〔　　　　〕

(4) 物体が焦点の内側にあるときにできる像を何といいますか。　〔　　　　〕

(5) 物体が焦点の外側にあるときにできる像は，正立ですか，倒立ですか。
〔　　　　〕

3 音が発生するしくみ

動画をみながら＿＿をうめよう！

音の発生

● 音の正体 ➡ 物体のゆれ。

● **音が発生する原因**

①**物体のゆれ**

例 太鼓をたたく，ギターのげんをはじく

②**空気の流れの変化，物体の急速な移動**

例 スプレーの音，バットの素振りの音

③**空気の膨張や収縮**

例 雷，爆竹

②と③は，空気がゆれているよ。

①～③は，すべて物体がゆれて音が発生している。

こういったゆれのことを＿＿＿＿＿という。

空気はどのように振動しているのか

・音が空気を伝わるとき…

空気の振動が，次々と波のように伝わっていく。

● ＿＿＿＿…振動が伝わっていく現象。

Point!

音が伝わるとき，空気自体が移動しているわけではない。

音の発生と実験器具

● ＿＿＿＿…振動して音を発生するもの。

例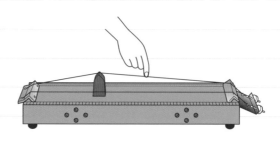

● _____　…音の大小や高低を確認する器具。

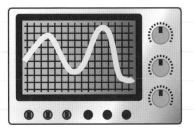

memo
オシロスコープの横軸は時間，縦軸は
振動の振れはばを表している。

オシロスコープは，
マイクロホンを通して
音を表示させるよ。

確認問題

(1)　音の正体は物体の何ですか。漢字で書きなさい。　〔　　　　〕

(2)　スプレーの音が鳴る原因を，次から1つ選びなさい。
　ア　物体のゆれ
　イ　空気の流れの変化，物体の急速な移動
　ウ　空気の収縮や膨張　　　　　　　　　　　　　　　　〔　　　　〕

(3)　振動が伝わっていく現象を何といいますか。　〔　　　　〕

(4)　図の器具を何といいますか。

〔　　　　〕

(5)　音の大小や高低をはかる器具を何といいますか。

〔　　　　〕

4 音の伝わり方

をみながら＿＿をうめよう！

音の伝わり方

・音は物体が＿＿＿＿＿して発生し，物体の中を＿＿＿＿＿として伝わる。

・振動して音を発している物体を＿＿＿＿＿という。

● **音が伝わるもの**

・空気などの気体

・水などの液体

・金属などの固体

これも覚えよう

真空中では，
音は伝わらない。

空気がないから
伝わらないんだね。

<実験>

同じおんさ A，B をならべて置き，おんさ A を鳴らすと，空気中を音の波が
伝わって，おんさ B が振動して音が鳴る。

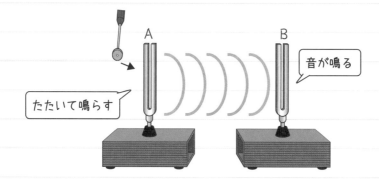

A   B

音が鳴る

たたいて鳴らす

音の速さ

・音が空気中を伝わる速さは，約 340 m/s(メートル毎秒)である。

（例題１）打ち上げ花火を見ていたら，花火が破裂してから 5 秒後に音が聞こえました。
花火までの距離は何 m ですか。

$$340 [m/s] \times 5 [s] = \underline{\qquad} [m]$$

距離は
「速さ×時間」
で求めるよ！

（例題2）家にいたら，雷の光が見えて，それから8秒後に音が聞こえました。

雷の光までの距離は何mですか。

$340〔m/s〕 × 8〔s〕 = $ _____ 〔m〕

音の速さは
約20℃で340 m/s で,
気温が上がるほど速くなるよ。

確認問題

(1) 振動して音を発しているものを何といいますか。 〔　　　　　　　〕

(2) 花火が開くのが見えてから，3秒後に音が聞こえました。音の速さを340m/s
とすると，花火までの距離は何mですか。

〔　　　　　m〕

(3) 音の速さを340m/s とすると，3.4km 離れたところにあるスピーカーから流
れた音が聞こえるまでにかかる時間は何秒ですか。

〔　　　　　秒〕

(4) 音の速さについて正しく説明した文を，次から1つ選びなさい。
　ア　音の速さは，気温が上がると速くなる。
　イ　音の速さは，気温が上がるとおそくなる。
　ウ　音の速さは，気温が変わっても同じである。 〔　　　　　　　〕

5 音の大きさと高さ

をみながら＿＿＿をうめよう！

動画

音の大きさ

● ＿＿＿＿＿＿…音源が振れる幅(はば)のこと。

大きい音を出すときは，弦(げん)を強くはじくね。

Point!

音の大きさは，振幅(しんぷく)によって決まる。

音の波形		
振幅	大きい	小さい
音の大きさ	大きい	小さい

音の高さ

● ＿＿＿＿＿＿…音源が一定時間に振動(しんどう)する回数。

Point!

音の高さは，振動数(しんどうすう)によって決まる。

音の波形	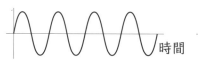	
振動数	多い	少ない
音の高さ	高い	低い

これも覚えよう

振動数の単位はHz（ヘルツ）。
1秒間に1回振動するときを
1Hzとする。

1秒間に250回振動したら，250Hzだね。

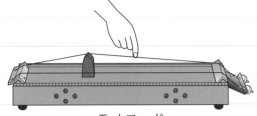

モノコード

●**モノコードで高い音を出すには…**

① 弦の長さを _____ する。

② 弦の太さを _____ する。

③ 弦のはり方を _____ する。

> どれも弦の振動数を多く
> するための工夫だね。

確認問題

(1) 音の大きさは何によって決まりますか。　　　　　　　　〔　　　　　　〕

(2) 音の高さは，何によって決まりますか。　　　　　　　〔　　　　　　〕

(3) 3秒間に420回振動したとき，振動数は何Hzですか。　〔　　　　　Hz〕

(4) 最も小さい音と最も高い音を表している波形を，次からそれぞれ1つずつ選びなさい。

ア

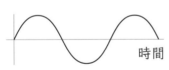

時間

イ

時間

ウ

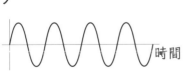

時間

エ

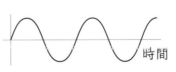

時間

最も小さい音〔　　　　〕　　　最も高い音〔　　　　〕

(5) モノコードの弦を長くしたとき，音はどうなりますか。

〔　　　　　　　　　　　〕

6 力のはたらき

動画をみながら＿＿＿をうめよう！

力のはたらき

① 物体を＿＿＿＿＿させる。

例 ばねをのばす。

② 物体を＿＿＿＿＿＿。

例 かばんを手に持つ。

③ 物体の＿＿＿＿＿（速さや向き）を変える。

例 ボールを打ち返す。

力は目に見えないけど，力がはたらいているようすを観察することはできるね。

さまざまな力

● 弾性力（弾性の力）…変形した物体がもとにもどろうとするときに生じる力。

● 摩擦力…物体が接している面の間で，物体の動きを妨げるようにはたらく力。

● 磁石の力（磁力）…磁石どうしの間，磁石と鉄などの物体の間ではたらく力。

● 電気の力…物体どうしをこすり合わせて生じる電気の間にはたらく力。

● ＿＿＿＿＿＿…地球がその中心に向かって物体を引く力。

力の三要素

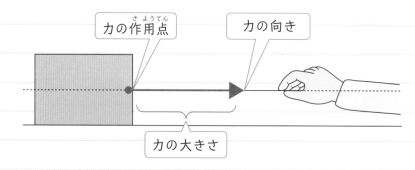

力の作用点　　　力の向き

力の大きさ

① ＿＿＿＿＿＿（力のはたらく点）

② 力の＿＿＿＿＿

③ 力の＿＿＿＿＿

どの点から，どこに向かって，どのくらいの大きさで力を加えるかが大切だよ。

重さと質量

●重さ

物体にはたらく ＿＿＿＿＿＿ の大きさ。単位は ＿＿＿＿ （ニュートン）。

●質量

物体そのものの量。単位は ＿＿＿＿ や ＿＿＿ など。

はかる場所がちがっても ＿＿＿＿＿＿ 。

●質量 10 kg の鉄を地球上と月面上で比べると…

	重さ	質量
地球	約 98 N	10 kg
月 （重力は地球の約 $\frac{1}{6}$）	約 16 N	10 kg

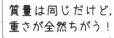

質量は同じだけど，重さが全然ちがう！

確認問題

(1) 引っぱると輪ゴムがのびるのは，次のア～ウの力のはたらきのうち，どのはたらきによるものですか。

ア　物体を変形させる。

イ　物体を支える。

ウ　物体の動きを変える。　　　　　　　　　　　　〔　　　　　〕

(2) 坂を転がるボールが止まるのは，(1)のア～ウの力のはたらきのうち，どのはたらきによるものですか。　　　　　　　　　　　　　　　　　　〔　　　　　〕

(3) ばねばかりではかることができるのは，重さと質量のどちらですか。

〔　　　　　〕

(4) 地球上で質量 300 g の物体は，月面上での質量は何 g になりますか。

〔　　　　　g 〕

7 力のはかり方・ばね

力の大きさの単位

力は，＿＿＿＿＿＿＿＿＿＿＿（N）という単位で表される。

1 N の力は，約 100 g の物体にはたらく＿＿＿＿＿＿＿と同じである。

> **memo**
> 重さ…物体にはたらく重力の大きさ
> 　　　（単位:N）。
> 質量…物体そのものの量
> 　　　（単位:g, kg）。

復習しておこう！

力のはかり方

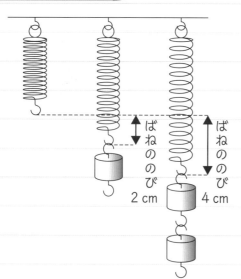

ばねののび 2 cm

ばねののび 4 cm

このばねは，おもりを 1 個つるすと
2 cm のび，2 個つるすと 4 cm のびる。

↓

おもりを 2 個，3 個，…とつるしていくと，
ばねを引く力が 2 倍，3 倍，…になり，
ばねののびも 2 倍，3 倍，…になる。

↓

ばねののびは，ばねを引く力の大きさに
＿＿＿＿＿＿＿する。

＿＿＿＿＿の法則…ばねを引く力の大きさとばねののびが
比例の関係にあること。

54

（例題）<u>0.2 N の力を加えると 1 cm のびるばねがあります。</u>

① このばねに 0.6 N の力を加えると，何 cm のびますか。

このときのばねののびを x〔cm〕とすると，

$$0.2〔N〕:\underline{\qquad}〔N〕=\underline{\qquad}〔cm〕:x〔cm〕$$

$$x = 3〔cm〕$$
答え　3 cm

② このばねが 5 cm のびたとき，ばねに加わる力は何 N ですか。

このときばねに加わる力の大きさを y〔N〕とすると，

$$0.2〔N〕:y〔N〕=\underline{\qquad}〔cm〕:\underline{\qquad}〔cm〕$$

$$y = 1〔N〕$$
答え　1 N

③ このばねについて，ばねを引く力の大きさと
ばねののびの関係を表すグラフをかきましょ
う。

ばねののびとばねを引く力には
比例の関係があるから，グラフは
原点を通る直線になるよ。

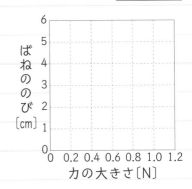

（確認問題）

(1) 力の大きさの単位は何ですか。読み方を答えなさい。　〔　　　　　　〕

(2) 1 N の力は，質量 100 g の物体にはたらく□□□とほぼ同じ大きさです。
□□□にあてはまる語を答えなさい。　〔　　　　　　〕

(3) 「ばねののびは，ばねを引く力の大きさに比例する」ことを何の法則といいま
すか。　〔　　　　　　〕

(4) 0.2 N の力を加えると 1 cm のびるばねに，質量 160 g のおもりをつるしたと
き，ばねののびは何 cm になりますか。100 g の物体にはたらく重力の大きさを
1 N とします。

〔　　　　cm〕

8 力の表し方

動画 ▶ をみながら ___ をうめよう！

面ではたらく力や重力の表し方

●物体を手のひらで押したとき，手と物体の接する _____ 全体から，

物体全体に力がまんべんなくはたらく。

●重力は，物体全体の各部分にまんべんなくはたらく。

●物体全体に力がはたらくとき，接する面の中心や

物体の中心を _____ として，１本の矢印をかく。

たくさんの力を
１本の矢印で
代表させよう。

力の表し方

●力の矢印のかき方

① 力がはたらく _____ を決めて，「•」で表す。

② 作用点から矢印をのばして，力の向きと力の大きさを表す。

・力の向きは，矢印の _____ で表す。

・力の大きさは，矢印の _____ で表す。

➡ 1 N = 1 cm のように，基準を決めておく。

作用点　　　力の大きさ　　　力の向き

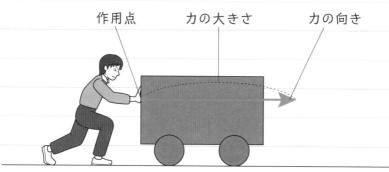

●矢印の位置

同一直線上に２つ以上の力がある場合，矢印が重なってしまうことがある。

➡わかりやすくするために矢印の作用点を少し _____ 。

ずらすのは作用点
だけだよ。

memo
矢印の向きや長さを
変えないように注意する。

例 **手が物体を押す力**

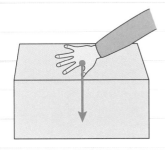

接する面の中心を作用点として，

1本の矢印をかく。

例 **重力と垂直抗力**

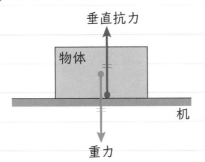

重力は，物体の中心を作用点として，

下向きに1本の矢印をかく。

垂直抗力は面の中心が作用点だが，

重力の矢印と重なるため，少しずらしてかく。

確認問題

(1) 重力を1本の矢印で表すとき，作用点は物体のどこにありますか。

〔　　　　　　　　　〕

(2) 力の三要素のうち，矢印の長さに比例するものはどれですか。

〔　　　　　　　　　〕

(3) 力の矢印が重なるとき，見やすくするために変えるのは，力の三要素のうちどれですか。

〔　　　　　　　〕

(4) 力を表す矢印について正しく説明した文を，次から1つ選びなさい。

　ア　作用点は，つねに物体の表面に表す。

　イ　矢印で力を表すときは，なるべく多くの矢印で表す。

　ウ　矢印の向きと力の向きは同じである。

　エ　力の大きさは，矢印の太さに比例する。

〔　　　　　　　〕

9 2力のつり合い

2力のつり合い

● 1つの物体に2つ以上の力がはたらいていて，物体が動かないとき，

その物体にはたらく力は＿＿＿＿＿＿＿＿＿＿＿という。

● **2力がつり合う条件**

① 2力の大きさが＿＿＿＿＿＿＿＿。

② 2力の向きが＿＿＿＿である。

③ 2力が＿＿＿＿＿にある。

> 3つのうち1つでも成り立たないと，物体は動くよ。

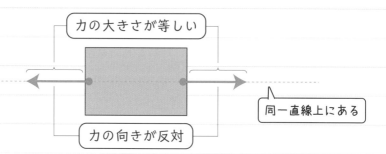

> 力の大きさが等しい

> 力の向きが反対

> 同一直線上にある

重力とつり合う力

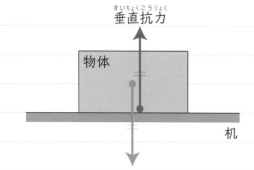

垂直抗力

物体

机

● **机の上に置いた物体では…**

① 物体にはたらく＿＿＿＿＿

② 机の面から物体にはたらく

＿＿＿＿＿＿＿＿＿＿

の2力がつり合っている。

これも覚えよう

垂直抗力…物体が面を押すとき，重力と同じ大きさ
で逆の向きにはたらく力。

●**重力と垂直抗力は…**

① 大きさが ＿＿＿＿＿＿＿。

② 向きが ＿＿＿＿＿ である。

③ ＿＿＿＿＿＿＿＿ にある。

3つの条件を満たしているから，2力はつり合っているね！

➡ つり合いの条件を満たしているので，

重力と垂直抗力は ＿＿＿＿＿＿＿＿＿＿。

● ＿＿＿＿＿ …物体が動こうとする向きと反対向きに，

物体がふれ合う面にはたらく力。

物体を引く力

摩擦力（まさつ）

確認問題

(1) ある物体に，大きさと向きが同じ2力が同一直線上にはたらいているとき，物体は動いていますか，止まっていますか。 〔　　　　　　　〕

(2) 机の上に質量600gの本を置きました。

① 机の面から本にはたらく重力とつり合う力を何といいますか。
〔　　　　　　　〕

② ①の力を，右の図に矢印でかきなさい。ただし，青の矢印は本にはたらく重力を表しています。

③ ①の力の大きさは，何Nですか。ただし，質量100gの物体にはたらく重力を1Nとします。

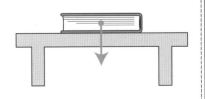

〔　　　　　N　〕

1 大地を伝わる地震のゆれ

震源と震央

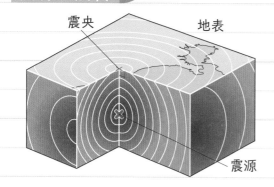

震央　　　　　　　　地表

震源

● ＿＿＿＿＿…地震が発生した

地下の場所。

● ＿＿＿＿＿…震源の真上にある

地上の地点。

地震のゆれは，地下
の岩盤のずれによっ
て発生するよ。

地震のゆれ

・地震が起こると，そのゆれは震源からまわりへと，岩石の中を波として伝わっていく。

・地震の波は，伝わる速さが速いP波と，伝わる速さがおそいS波がある。

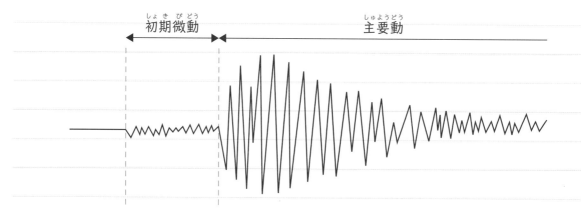

初期微動　　　　　　　　　　主要動

● ＿＿＿＿＿…はじめに起こる小さなゆれ。　　　　波によって起こる。

● ＿＿＿＿＿…あとからくる大きなゆれ。　　　　波によって起こる。

memo

P波の伝わる速さは，S波の
伝わる速さより速い。

地震の波が伝わる
速さは一定だよ。

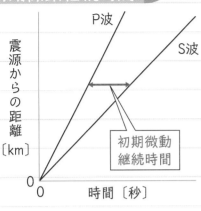

● P波が到着してからS波が到着するまでの
時間を ＿＿＿＿＿＿＿＿＿ という。

● 震源からの距離が大きくなるほど，
初期微動継続時間は長くなる。

（例題）　右の図は，ある地震の，P波とS波が
到達するまでの時間と震源からの距離の関係を
表しています。P波，S波の速さはそれぞれ何
km/s ですか。

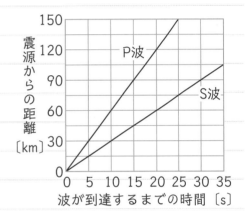

右の図より，P波は10秒で60km，S波は
10秒で30km進んだので，

P波… $\dfrac{60\,\text{km}}{10\,\text{s}}$ = ＿＿＿＿ km/s　　　S波… $\dfrac{30\,\text{km}}{10\,\text{s}}$ = ＿＿＿＿ km/s

---

確認問題

(1)　地震のゆれが発生した地下の場所を何といいますか。　　　〔　　　　　〕

(2)　震源の真上にある，地上の地点を何といいますか。　　　〔　　　　　〕

(3)　地震が発生したとき，はじめの小さいゆれのあとにくる大きなゆれを何といい
ますか。　　　　　　　　　　　　　　　　　　　　　　〔　　　　　〕

(4)　P波が到着してからS波が到着するまでの時間のことを何といいますか。

〔　　　　　〕

2 ゆれの大きさと地震の規模

震度

● ある地点での地震によるゆれの大きさのことを＿＿＿＿＿という。

● 日本では，震度の階級は，＿＿＿＿＿段階に分けられている。

震度	ゆれに対する人の感じ方
0	人はゆれを感じない。
1	屋内で静かにしている人の中には，ゆれをわずかに感じる人がいる。
2	屋内で静かにしている人の大半が，ゆれを感じる。 眠っている人の中には，目を覚ます人もいる。
3	屋内にいる人のほとんどが，ゆれを感じる。眠っている人の大半が目を覚ます。
4	歩いている人のほとんどが，ゆれを感じる。 眠っている人のほとんどが，目を覚ます。
5弱	大半の人が恐怖をおぼえ，ものにつかまりたいと感じる。
5強	大半の人が，ものにつかまらないと歩くことが難しいなど，行動に支障を感じる。
6弱	立っていることが困難になる。
6強	立っていることができず，はわないと動くことができない。
7	ゆれにほんろうされ，動くこともできず，飛ばされることもある。

● ふつう，震度は震央の近くで最も大きく，震源から遠くなるほど＿＿＿＿＿。

memo
震源からの距離が同じでも，岩盤の強度のちがいなどで震度がちがうことがある。

地震のゆれの大きさは，各観測地点にある地震計で観測しているよ。

地震計のしくみ

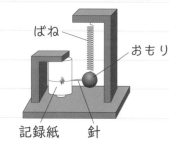

ばね
おもり
記録紙　針

● 地震で地面がゆれると，記録紙は動くが，＿＿＿＿＿と＿＿＿＿＿は動かないので，ゆれを記録紙に記録することができる。

●地震計の記録

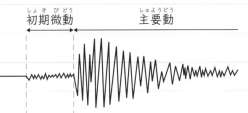

初期微動　主要動

はじめに起こるのが
初期微動，あとからくる
のが主要動だったね。

マグニチュード

●地震そのものの規模の大きさのことを　　　　　　　　　　といい，

記号は　　　　　で表す。

●マグニチュードの数値が１大きくなると，エネルギーは約　　　　倍に，

　２大きくなると　　　　　倍になる。

●マグニチュードが大きい地震ほど，ゆれが伝わる範囲が広くなり，

同じ地点の震度は大きくなる。

Point!

マグニチュードは，１つの地震で１つの数値しかないが，

震度は震源からの距離によって，場所ごとにちがう数値になる。

確認問題

(1)　地震によるゆれの大きさのことを何といいますか。　〔　　　　　〕

(2)　(1)は日本では何段階に分けられていますか。　〔　　　　段階〕

(3)　地震そのものの規模の大きさのことを何といいますか。

〔　　　　　〕

(4)　(3)は記号でどのように表しますか。　〔　　　　〕

(5)　マグニチュードの数値が１大きくなると，エネルギーは約何倍になりますか。

〔約　　　倍〕

3 地震が起こるしくみ

日本付近のプレート

● 十数枚のかたい板の形をしていて，地球表面をおおっている岩石のかたまりを

　　　　　　　　　　　という。

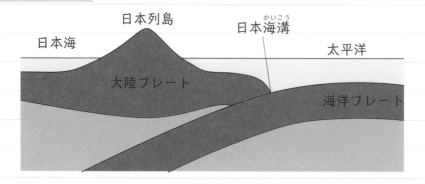

> **memo**
> 日本付近には，北アメリカプレート，太平洋プレート，
> フィリピン海プレート，ユーラシアプレートがある。

プレートの境界付近で地震が起こるしくみ

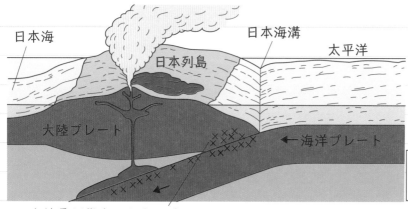

× 地震が発生しやすい所
← プレートが動く向き

大地震が発生しやすい所

● **プレートの境界付近で地震が起こるしくみ**

①　　　　　　　　　　が　　　　　　　　　　の下に沈みこむ。

②　　　　　　　　　　が　　　　　　　　　　に引きずりこまれる。

③ 岩石が破壊されて地震が起こる。

● プレートの境界付近で起こる地震の震源
の深さは，日本海溝から大陸側に向かっ
て深くなる。

> プレートの境界付近で
> 起こる地震を，海溝型
> 地震というよ。

大地の変動

● 大地に大きな力がはたらいてできる地層（ちそう）のずれを ＿＿＿＿＿ という。

● 今後も活動して地震を起こす可能性がある断層（だんそう）を ＿＿＿＿＿ という。

> 活断層（かつだんそう）のずれによって
> 起こる地震を,
> 内陸型地震というよ。

これも覚えよう

大規模な地震が起こり，大地がもち上がることを隆起（りゅうき），大地が沈むことを沈降（ちんこう）といい，海岸ぞいにできる，平らな土地と急ながけが階段状に並んだ地形を海岸段丘（かいがんだんきゅう）という。

確認問題

(1) 地球の表面をおおっている，十数枚の板の形をした岩石のかたまりを何といいますか。 〔　　　　　　　〕

(2) 大地に大きな力がはたらいてできる地層のずれを何といいますか。 〔　　　　　　　〕

(3) (2)のうち，今度も活動して地震を起こす可能性があるものを何といいますか。 〔　　　　　　　〕

(4) 大規模な地震が起こり，大地がもち上がることを何といいますか。 〔　　　　　　　〕

(5) 海岸ぞいにできる，平らな土地と急ながけが階段状に並んだ地形を何といいますか。 〔　　　　　　　〕

4 地震による災害

地震による災害

●地震による災害には，地震のゆれによる直接的な被害(一次災害)と，

一次災害をきっかけに続けて起きる被害(二次災害)がある。

●**一次災害**…建物の倒壊，地滑り，地割れ，土砂崩れ，液状化現象など

・　_____　…地震などによって，斜面の一部がかたまりとして流れ下る現象。

・　_____　…地震によって，地面が急にやわらかくなる現象。

●**二次災害**…津波，火災，ライフラインの遮断など

・　_____　…地震による大規模で急激な海底の変形によって発生することがある，

大量の海水が上下に変動して引き起こされる波。

> **memo**
> 津波は，震央が海域にあり，震源が浅いときに発生しやすい。

緊急地震速報

●地震が発生した直後に発表される，強いゆれがくることを事前に知らせる情報を

_____　という。

●緊急地震速報は，震源に近い観測地点で　_____　のゆれを検知し，

_____　の到着時刻や震度を予測し発表するしくみである。

> **これも覚えよう**
> P 波…初期微動を起こす波。
> S 波…主要動を起こす波。
> P 波の伝わる速さは，S 波の伝わる速さより速い。

緊急地震速報は，P波と
S波の速さのちがいを
利用しているんだね。

地震への備え

●地震や火山の噴火〔ふんか〕などによる被害の予測や避難〔ひなん〕場所などを示した地図を

_____ という。

●地震が発生し，津波の発生が予想されるときには，

気象庁から津波警報や津波注意報が発表される。

memo

地震が発生したら,避難経路を確保するため,
戸や窓を開けるようにし,倒れやすいものに
近づかない。

身の安全を守る
行動をしよう。

確認問題

(1) 地震によって，地面が急にやわらかくなる現象を何現象といいますか。

〔　　　　　　　　現象〕

(2) 地震による大規模で急激な海底の変形によって発生することがある波を何といいますか。

〔　　　　　〕

(3) 地震が発生した直後に発表される，強いゆれがくることを事前に知らせる情報を何といいますか。

〔　　　　　〕

(4) (3)は何と何の速さのちがいを利用して発表されていますか。

〔　　　　　〕と〔　　　　　〕

(5) 地震や火山の噴火などによる被害の予測や避難場所などを示した地図を何といいますか。

〔　　　　　〕

5 火山の活動

動画をみながら
　をうめよう！

火山の噴火

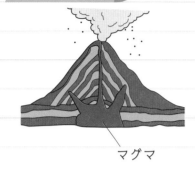

マグマ

● ＿＿＿＿＿…地下にある岩石が，地球内部の熱に
よってどろどろにとけたもの。

●火山噴出物…火山が噴火したときに噴出する，
マグマがもとになってできたもの。

火山の噴火とは，マグマが
地表にふき出すことだよ。

火山噴出物

水蒸気や二酸化
炭素，二酸化
硫黄など

噴煙

直径2mm以下

火山灰，
火山れき
など

火山ガス

火山弾

溶岩

マグマだまり

● ＿＿＿＿＿…マグマが地表に流
れ出たもの。

● ＿＿＿＿＿…直径 2 mm 以下
の粒。

● ＿＿＿＿＿…ふき飛ばされた
マグマが空中で冷えて固まった
ときにラグビーボール型になっ
たもの。

memo
火山灰と火山れきは，粒の
大きさで区別される。

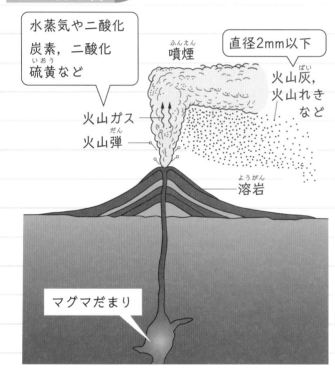

鉱物

●鉱物…火山噴出物にふくまれるマグマが冷えてできた粒で，結晶になったもの。

・　＿＿＿＿＿鉱物…セキエイ，チョウ石など

・　＿＿＿＿＿鉱物…クロウンモ，カクセン石，キ石，カンラン石など

マグマと火山

火山の形	傾斜のゆるやかな形	円すいの形	ドーム状の形
マグマのねばりけ	弱い ←————————————→ 強い		
噴火のようす	おだやか ←————————————→ 激しい		
火山噴出物の色	黒っぽい ←————————————→ 白っぽい		
火山の例	マウナロア キラウェア	桜島 浅間山(あさまやま)	昭和新山(しょうわしんざん) 雲仙普賢岳(うんぜんふげんだけ)

●火山の形は，マグマのねばりけが　　　　　　　と傾斜のゆるやかな形になり，

マグマのねばりけが　　　　　とドーム状の形になる。

●噴火のようすは，マグマのねばりけが　　　　　　とおだやかに噴火し，

マグマのねばりけが　　　　　と激しい噴火をする。

●火山噴出物の色は，マグマのねばりけが　　　　　　と黒っぽく，

マグマのねばりけが　　　　　と白っぽくなる。

確認問題

(1) 地下にある岩石が，地球内部の熱でどろどろにとけたものを何といいますか。

〔　　　　　　　〕

(2) 火山が噴火したときに噴出するものを何といいますか。

〔　　　　　　　〕

(3) (2)にふくまれる，マグマが冷えてできた結晶の粒を何といいますか。

〔　　　　　　　〕

(4) 傾斜のゆるやかな火山をつくるマグマのねばりけは強いですか，弱いですか。

〔　　　　　　　〕

(5) (2)の色が白っぽい火山をつくるマグマのねばりけは強いですか，弱いですか。

〔　　　　　　　〕

6 火成岩

動画 ▶ をみながら＿＿＿をうめよう！

火成岩

●マグマが冷え固まってできた岩石を　　　　　　　といい，できた場所や

冷え固まり方のちがいによって，火山岩と深成岩の2種類に分けられる。

種類	火山岩	深成岩
できた場所	地表や地表付近	地下の深いところ
でき方	急に冷えて固まる	ゆっくり冷えて固まる
つくり	斑状組織 石基　斑晶 細かい粒（石基）の中に，比較的大きな鉱物（斑晶）が散らばっている。	等粒状組織 ほぼ同じ大きさの鉱物が集まっている。
岩石の例	流紋岩，安山岩，玄武岩	花こう岩，せん緑岩，斑れい岩

●火山岩…マグマが，地表や地表付近で　　　　　　　冷えて固まった岩石。

　例 流紋岩，安山岩，　　　　　　　

●　　　　　　　…マグマが，地下の深いところでゆっくり冷えて固まった岩石。

　例　　　　　　　，せん緑岩，斑れい岩

Point!

火成岩の色は，マグマのねばりけが弱いと黒っぽく，

マグマのねばりけが強いと白っぽくなる。

火山岩のつくり

石基

斑晶

＿＿＿＿＿＿＿＿＿…火山岩のつくり。

比較的大きな鉱物を＿＿＿＿＿，

細かい粒の部分を＿＿＿＿＿

という。

深成岩のつくり

＿＿＿＿＿＿＿＿＿…深成岩のつくり。

ほぼ同じ大きさの鉱物が集まっている。

> マグマがゆっくり
> 冷やされると粒が
> 大きくなるんだね。

確認問題

(1) マグマが冷え固まってできた岩石を何といいますか。　〔　　　　　〕

(2) マグマが，地表や地表付近で急に冷えて固まった岩石を何といいますか。

〔　　　　　〕

(3) (2)の岩石のつくりを何といいますか。　〔　　　　　〕

(4) マグマが，地下の深いところでゆっくり冷えて固まった岩石を何といいますか。

〔　　　　　〕

(5) (4)の岩石のつくりを何といいますか。　〔　　　　　〕

7 地層のでき方

動画 ▶ をみながら____をうめよう！

流れる水のはたらき

雨・風

風化（ふうか）・侵食（しんしょく）

運搬（うんぱん）

堆積（たいせき）

海

侵食，運搬，堆積は
流水のはたらきに
よるものだよ。

● 風化…太陽の熱や水のはたらきで，地表の岩石が表面からくずれていくこと。

● _____…流水が，地表の土や岩石を少しずつけずりとること。

● _____…流水が，土砂（れき，砂，泥など）を下流へ運んでいくこと。

● _____…水が土砂などを水底に積もらせること。

地層（ちそう）のでき方

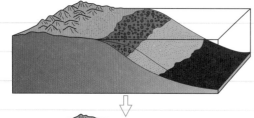

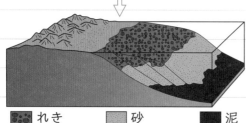

れき　　砂　　泥

● 海や湖に流れこんだ土砂が，水底に堆積
する。これがくり返されて_____が
できる。

● 粒（つぶ）の大きな_____などは速く沈（しず）み，
粒の小さな_____などは沈みにくいた
め沖（おき）まで運ばれて堆積する。

これも覚えよう

れき，砂，泥は粒の大きさによって区別される。

れき…直径 2 mm 以上

砂　…直径 0.06 ～ 2 mm

泥　…直径 0.06 mm 以下

土砂の堆積のようす

●地層のでき方を調べる実験

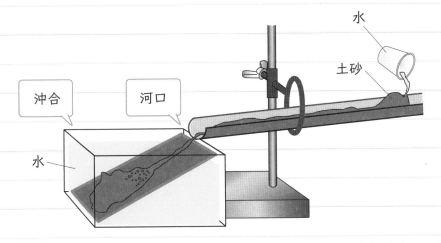

粒が小さいほど遠くまで運ばれるので，

河口から沖に向かって，　　　　　　，

　　　　　　，　　　　　　の順に堆積する。

memo

山地から平地に出たところで，土砂が堆積してできる扇形の地形を扇状地という。

確認問題

(1) 太陽の熱や水のはたらきで，地表の岩石が表面からくずれていくことを何といいますか。　〔　　　　　〕

(2) 川の上流など，流れが速いところで，流れる水が川岸や川底の岩石をけずる作用を何といいますか。　〔　　　　　〕

(3) 流れる水が，(2)のはたらきによってできた土砂を運ぶはたらきを何といいますか。　〔　　　　　〕

(4) 流れる水によって運ばれた土砂が，海底や湖底などに積もる作用を何といいますか。　〔　　　　　〕

(5) れき，砂，泥のうち，水中で最も沈みにくいのはどれですか。　〔　　　　　〕

8 堆積岩

動画をみながら＿＿をうめよう！

堆積岩

●地層をつくっている堆積物が，長い年月の間に押し固められてできた岩石を

　＿＿＿＿＿という。化石をふくむことがある。

●堆積岩には，れき岩，砂岩，泥岩，石灰岩，チャート，凝灰岩などがある。

堆積物が押し固められ
てできた岩石だから，
堆積岩というんだね。

堆積岩には
化石をふくむ
ものもあるよ。

れき岩・砂岩・泥岩

●れき岩，砂岩，泥岩は，堆積物の粒の大きさによって区別される。

れき岩

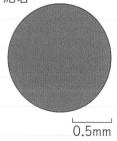

2mm

砂岩

1mm

泥岩

0.5mm

粒の大きさ

大

小

●岩石をつくる粒の大きさは，

　大きいものから順に

　　　＿＿＿＿＿＿＿＿＿＞砂岩＞＿＿＿＿＿＿　である。

●岩石をつくる粒は

　＿＿＿＿＿＿＿を帯びている。

　‥‥‥流水で運ばれてくるため。

Point!

堆積物の分類

・れき…直径2mm以上

・砂　…直径0.06〜2mm

・泥　…直径0.06mm以下

石灰岩・チャート・凝灰岩

●水中の生物の遺がいなどが堆積してできた堆積岩

- _____ …うすい塩酸をかけると二酸化炭素が発生するもの。

- _____ …うすい塩酸をかけても気体が発生しない
  もの。

石灰岩

1mm

> **memo**
> 石灰岩の主成分は炭酸カルシウム，
> チャートの主成分は二酸化ケイ素である。

- _____ …火山灰，火山れき，軽石などの火山噴出物が
  堆積してできた堆積岩。凝灰岩をつくる粒は
  角ばっている。

凝灰岩

1mm

確認問題

(1) 地層をつくっている堆積物が，長い年月の間に押し固められてできた岩石を何といいますか。　〔　　　　　　　〕

(2) れき岩，砂岩，泥岩のうち，岩石をつくる粒が最も大きいものはどれですか。
　〔　　　　　　　〕

(3) 水中の生物の遺がいなどが堆積してできた堆積岩のうち，うすい塩酸をかけると気体が発生するものを何といいますか。　〔　　　　　　　〕

(4) 水中の生物の遺がいなどが堆積してできた堆積岩のうち，うすい塩酸をかけても気体が発生しないものを何といいますか。　〔　　　　　　　〕

(5) 火山灰，火山れき，軽石などの火山噴出物が堆積してできた堆積岩を何といいますか。　〔　　　　　　　〕

9 地層の種類と化石

地層の観察

- ●柱状図…地層の重なり方を一本の柱のように表したもの。
- ●＿＿＿＿＿＿…火山灰の層のように，地層のつながりがわかる手がかりになる層。

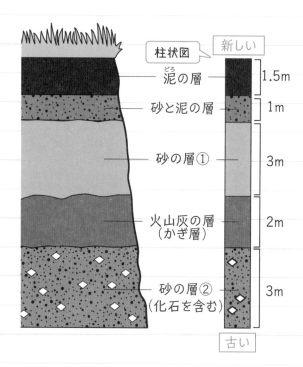

- ・ふつう，地層の層は，
  下にある層ほど＿＿＿＿＿，
  上にある層ほど＿＿＿＿＿。

- ・＿＿＿＿＿でできている層
  ➡海岸近くで堆積した。

- ・砂でできている層
  ➡少し沖で堆積した。

- ・＿＿＿＿＿でできている層
  ➡沖合いで堆積した。

> 大きい粒ほど速く沈んで，小さい粒ほど遠くに運ばれるんだったね。

- ・火山灰の層
  ➡堆積した当時，＿＿＿＿＿＿＿があった。

- ・化石をふくむ層
  ➡堆積した当時の＿＿＿＿＿や堆積した＿＿＿＿＿がわかる。

- ・しゅう曲，断層
  ➡地層に力がはたらいた。

これも覚えよう

しゅう曲…大地に力がはたらいてできる
　　　　　地層の曲がり。

断層　　…大地に力がはたらいてできる
　　　　　地層のずれ。

化石

● 生物の遺がいや，すんでいたあとが地層中に残っているものを ＿＿＿＿＿ という。

● ＿＿＿＿＿ …地層ができた当時の環境がわかる化石。

示相化石の例

浅い海	あたたかくて浅い海	湖や河口
アサリ，ハマグリなど	サンゴなど	シジミなど

● ＿＿＿＿＿ …地層ができた当時の年代がわかる化石。

示準化石の例

古生代	中生代	新生代
サンヨウチュウなど	アンモナイト，恐竜など	メタセコイア，ナウマンゾウなど

memo
地球の歴史は，示準化石などをもとにして，古生代，中生代，新生代などの地質年代に区分されている。

確認問題

(1) 地層の重なり方を一本の柱のように表したものを何といいますか。

〔 　　　　　〕

(2) 地層に力がはたらいて，押し曲げられたものを何といいますか。

〔 　　　　　〕

(3) 地層ができた当時の環境がわかる化石を何といいますか。

〔 　　　　　〕

(4) 地層ができた当時の年代がわかる化石を何といいますか。

〔 　　　　　〕

10 地形からわかる大地の変動

大地の変動

●断層…大地に大きな力がはたらいてできる地層のずれ。

● ＿＿＿＿＿…大地がもち上がること。

● ＿＿＿＿＿…大地が沈むこと。

● ＿＿＿＿＿…大地に力がはたらいてできる地層の曲がり。

memo
> 火山活動やプレート運動にともなう大地の変動
> などは,わたしたちに自然の恵み(温泉,地熱発電,
> 美しい景観など)をもたらしている。

海溝と海嶺

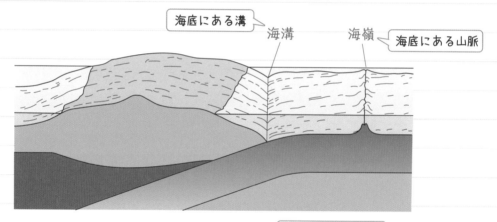

海底にある溝 — 海溝

海嶺 — 海底にある山脈

海溝より浅い溝は
トラフというよ。

● ＿＿＿＿＿…海底にある深い溝。

● ＿＿＿＿＿…海底にある山脈。

Point!

地震の震源の分布や火山の分布にはプレートの動きが関係していて,

地震の震源は,プレートの境界付近に多く分布している。

また,日本列島では,多くの火山が海溝やトラフと平行に分布している。

日本列島付近のプレート

ユーラシアプレート
（大陸プレート）

北アメリカプレート
（大陸プレート）

日本海溝

南海トラフ

太平洋プレート
（海洋プレート）

伊豆（いず）・小笠原（おがさわら）
海溝

フィリピン海プレート
（海洋プレート）

●東日本付近では，_____（海洋プレート）が大陸プレートの下に

沈みこみ，日本海溝ができる。

その結果，日本列島には巨大な山脈や山地が位置する。

確認問題

(1) 大地がもち上がることを何といいますか。 〔　　　　　　〕

(2) 海底にある深い溝を何といいますか。 〔　　　　　　〕

(3) プレートの境界で(2)ができるときに，下に沈みこむのは大陸プレートと海洋プレートのうちどちらですか。

〔　　　　　　〕

(4) 日本付近のプレートのうち，海洋プレートであるものを2つ答えなさい。

〔　　　　　〕，〔　　　　　〕

初版
第 1 刷　2023 年 6 月 1 日　発行

●編　者
　数研出版編集部
●カバー・表紙デザイン
　株式会社クラップス

発行者　星野　泰也

ISBN978-4-410-15557-4

とにかく基礎 定期テスト準備ノート 中1理科

発行所　**数研出版株式会社**

〒101-0052 東京都千代田区神田小川町 2 丁目 3 番地 3
　　　　　〔振替〕00140-4-118431
〒604-0861 京都市中京区烏丸通竹屋町上る大倉町205番地
〔電話〕代表（075）231-0161
ホームページ　https://www.chart.co.jp
印刷　創栄図書印刷株式会社

本書の一部または全部を許可なく
複写・複製することおよび本書の
解説・解答書を無断で作成するこ
とを禁じます。

乱丁本・落丁本はお取り替えいたします　230401

とにかく基礎 定期テスト準備ノート 中1理科

解答編

1 身近な生物の観察 ·· 4・5 ページの解答

双眼実体顕微鏡の使い方

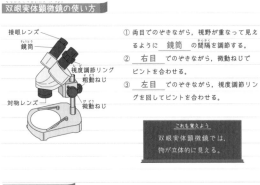

接眼レンズ
鏡筒
視度調節リング
粗動ねじ
対物レンズ
微動ねじ

① 両目でのぞきながら，視野が重なって見えるように 鏡筒 の間隔を調節する。

② 右目 でのぞきながら，微動ねじでピントを合わせる。

③ 左目 でのぞきながら，視度調節リングを回してピントを合わせる。

これも覚えよう
双眼実体顕微鏡では，物が立体的に見える。

顕微鏡の使い方

接眼レンズ
鏡筒
レボルバー
対物レンズ
ステージ
プレパラート
しぼり
反射鏡
調節ねじ

① 対物レンズを最も 低 倍率にして，視野全体が明るく見えるように， 反射鏡 としぼりを調節する。

② プレパラートをステージにのせ，横から見ながら，対物レンズとプレパラートを 近づける 。

③ 接眼レンズをのぞいて，対物レンズとプレパラートを 遠ざけ ながらピントを合わせる。

レンズは，接眼レンズ→対物レンズの順につけるよ。

ルーペの使い方とスケッチのしかた

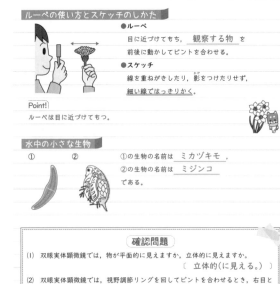

●ルーペ
目に近づけてもち， 観察する物 を前後に動かしてピントを合わせる。

●スケッチ
線を重ねがきしたり，影をつけたりせず， 細い線ではっきりかく。

Point!
ルーペは目に近づけてもつ。

水中の小さな生物

①　　　②

①の生物の名前は ミカヅキモ ，

②の生物の名前は ミジンコ

である。

確認問題

(1) 双眼実体顕微鏡では，物が平面的に見えますか，立体的に見えますか。〔 立体的(に見える。) 〕

(2) 双眼実体顕微鏡では，視度調節リングを回してピントを合わせるとき，右目と左目のどちらで見ますか。〔 左目 〕

(3) 顕微鏡の対物レンズは，はじめは低倍率，高倍率のどちらを使うとよいですか。〔 低倍率 〕

(4) ルーペで観察するときは，ルーペと観察する物のどちらを動かしてピントを合わせますか。〔 観察する物 〕

(5) スケッチをするときは，太い線と細い線のどちらでかきますか。〔 細い線 〕

2 花のつくり（アブラナ）·· 6・7 ページの解答

アブラナの花のつくり

花弁
おしべ
めしべ
がく

アブラナの花には，中心から順に，めしべ， おしべ ，花弁， がく がある。

Point!
いちばん内側にめしべがある。

めしべのつくり

柱頭
胚珠
子房

●めしべの先端の部分…柱頭

●めしべのもとのふくらんだ部分… 子房 といい，中には 胚珠 がある。

これも覚えよう
このようなつくりの植物を被子植物という。

おしべのつくり

やく
おしべ

●おしべの先端の部分… やく といい，中には花粉が入っている。

やくは袋のようなつくりをしているよ。

果実や種子のでき方

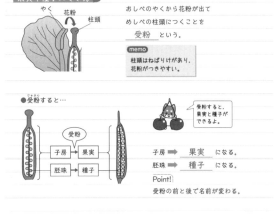

やく
花粉
柱頭

おしべのやくから花粉が出てめしべの柱頭につくことを 受粉 という。

memo
柱頭はねばりけがあり，花粉がつきやすい。

●受粉すると…

受粉すると，果実と種子ができるよ。

受粉
子房 → 果実
胚珠 → 種子

子房 ➡ 果実 になる。

胚珠 ➡ 種子 になる。

Point!
受粉の前と後で名前が変わる。

確認問題

(1) アブラナの花のいちばん外側にあるつくりを何といいますか。〔 がく 〕

(2) めしべの先端の部分を何といいますか。〔 柱頭 〕

(3) おしべの先端にあり，花粉が入っている袋を何といいますか。〔 やく 〕

(4) 受粉した後，果実になるのはめしべのどの部分ですか。〔 子房 〕

(5) 胚珠は受粉した後，何になりますか。〔 種子 〕

3 花のつくり（マツ）・・・・・・・・・・・・・・・・・・・・・・・・・・・・ 8・9 ページの解答

マツの花のつくり

マツの花は，<u>雌花</u> と雄花に
分かれている。
また，マツの花にはがくや花弁がない。

雌花のつくり

雌花のりん片には <u>子房</u> がなく，
<u>胚珠</u> がむき出しになっている。

Point!
マツの雌花には子房がないので，
マツには果実ができない。

りん片は魚のうろこのよ
うなつくりをしているよ。

雄花のつくり

雄花のりん片には <u>花粉のう</u> があり，
中には花粉が入っている。

花粉のうは，
アブラナのやく
と似ているね。

種子のでき方

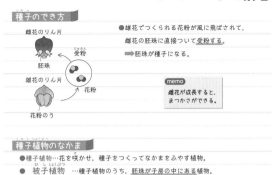

●雄花でつくられる花粉が風に飛ばされて，
雌花の胚珠に直接ついて<u>受粉する</u>。
➡️胚珠が種子になる。

memo
雌花が成長すると，
まつかさができる。

種子植物のなかま

● 種子植物…花を咲かせ，種子をつくってなかまをふやす植物。
● <u>被子植物</u> …種子植物のうち，<u>胚珠が子房の中にある植物</u>。
　　　　　　例 アブラナ，エンドウ，ツツジなど。
● <u>裸子植物</u> …種子植物のうち，子房がなく，胚珠がむき出しになっている植物。
　　　　　　例 マツ，スギ，イチョウなど。

確認問題

(1) マツの花は雌花と何に分かれていますか。　　　　〔 雄花 〕

(2) マツの花には，がくや花弁がありますか，ないですか。　〔 ない。 〕

(3) マツの雄花にある，花粉が入っている部分を何といいますか。〔 花粉のう 〕

(4) 花を咲かせ，種子をつくってなかまをふやす植物を何といいますか。
　　　　　　　　　　　　　　　　　　　　　　　　　〔 種子植物 〕

(5) (4)のうち，子房がなく，胚珠がむき出しになっている植物を何といいますか。
　　　　　　　　　　　　　　　　　　　　　　　　　〔 裸子植物 〕

(6) エンドウの花には，子房がありますか，ないですか。〔 ある。 〕

---

4 根と茎のつくり ・・・・・・・・・・・・・・・・・・・・・・・・・・・ 10・11 ページの解答

根のつくり

●太い根と細い根からなるもの
太い根を <u>主根</u> ，細い根を <u>側根</u> という。
主根から側根が枝分かれしている。
例 ホウセンカ，アブラナなど。

●たくさんの細い根からなるもの
太い根がなく，たくさんの細い
<u>ひげ根</u> が広がっている。
例 トウモロコシ，イネなど。

●根毛のはたらき
根の先端にある細い毛のようなものを <u>根毛</u> といい，
根の <u>表面積</u> を広くして，<u>水</u> の吸収効率を上げている。

根毛は細い根の表面に
たくさんあるよ。

茎のつくり

● <u>道管</u> …根から吸い上げた水や，水にとけた養分が通る管。
● <u>師管</u> …葉でつくられた栄養分が通る管。

Point!
ホウセンカ・アブラナ，トウモロコシ・イネのいずれも，
道管は師管よりも茎の中心側にある。

●茎の横断面

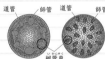

道管　師管　道管　師管
維管束
ホウセンカ，　　トウモロコシ，
アブラナなど。　イネなど。

道管と師管が集まって，
束のようになった部分を
<u>維管束</u> という。

ホウセンカ，アブラナなど …茎の維管束は <u>輪</u> 状に並ぶ。
トウモロコシ，イネなど …茎の維管束は <u>散らばって</u> いる。

memo
植物の種類ごとに，根や茎の
つくりは決まっている。

確認問題

(1) ホウセンカ，アブラナなどで見られる，太い根のことを何といいますか。
　　　　　　　　　　　　　　　　　　　　　　　　　〔 主根 〕

(2) トウモロコシ，イネなどで見られる，たくさんの細い根を何といいますか。
　　　　　　　　　　　　　　　　　　　　　　　　　〔 ひげ根 〕

(3) 根の先端にあって，根の表面積を広げるはたらきをする，細い毛のようなもの
　　を何といいますか。　　　　　　　　　　　　　　〔 根毛 〕

(4) 葉でつくられた栄養分が通る管を何といいますか。〔 師管 〕

(5) 道管と師管が集まって束のようになった部分を何といいますか。
　　　　　　　　　　　　　　　　　　　　　　　　　〔 維管束 〕

5 葉のつくり …………………………………………………………

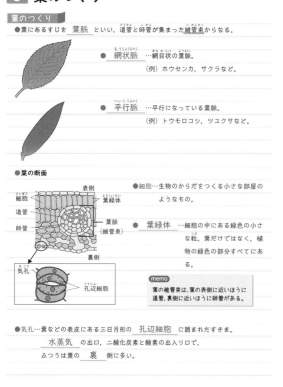

葉のつくり

●葉にあるすじを **葉脈** といい, 道管と師管が集まった **維管束** からなる。

● **網状脈** …網目状の葉脈。

（例）ホウセンカ, サクラなど。

● **平行脈** …平行になっている葉脈。

（例）トウモロコシ, ツユクサなど。

●葉の断面

●細胞…生物のからだをつくる小さな部屋のようなもの。

● **葉緑体** …細胞の中にある緑色の小さな粒。葉だけではなく, 植物の緑色の部分すべてにある。

memo
葉の維管束は, 葉の表側に近いほうに道管, 裏側に近いほうに師管がある。

●気孔…葉などの表皮にある三日月形の **孔辺細胞** に囲まれたすきま。
水蒸気 の出口, 二酸化炭素と酸素の出入り口で, ふつうは葉の **裏** 側に多い。

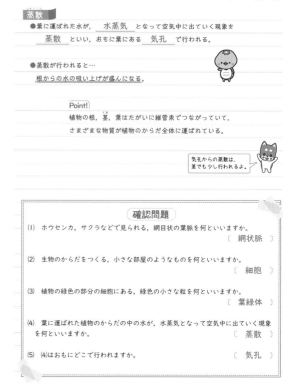

蒸散

●葉に運ばれた水が, **水蒸気** となって空気中に出ていく現象を **蒸散** といい, おもに葉にある **気孔** で行われる。

●蒸散が行われると…
根からの水の吸い上げが盛んになる。

Point!
植物の根, 茎, 葉はたがいに維管束でつながっていて, さまざまな物質が植物のからだ全体に運ばれている。

気孔からの蒸散は, 茎でも少し行われるよ。

確認問題

(1) ホウセンカ, サクラなどで見られる, 網目状の葉脈を何といいますか。〔 網状脈 〕

(2) 生物のからだをつくる, 小さな部屋のようなものを何といいますか。〔 細胞 〕

(3) 植物の緑色の部分の細胞にある, 緑色の小さな粒を何といいますか。〔 葉緑体 〕

(4) 葉に運ばれた植物のからだの中の水が, 水蒸気となって空気中に出ていく現象を何といいますか。〔 蒸散 〕

(5) (4)はおもにどこで行われますか。〔 気孔 〕

---

6 種子植物 …………………………………………………………

種子植物

種子植物は, **子房があるかないかで** 2つの種類に分けられる。

● **被子** 植物
…胚珠が子房の中にある。

● **裸子** 植物
…胚珠がむき出しになっている。

9ページのおさらいだよ。

被子植物の分類

被子植物は, 子葉が2枚の双子葉類と, 子葉が1枚の単子葉類に分けられる。

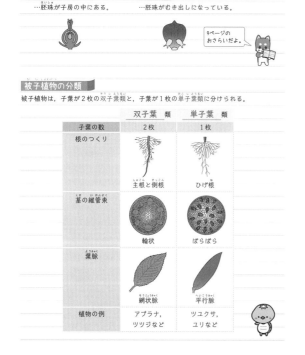

子葉の数	双子葉 類	単子葉 類
	2枚	1枚
根のつくり	主根と側根	ひげ根
茎の維管束	輪状	ばらばら
葉脈	網状脈	平行脈
植物の例	アブラナ, ツツジなど	ツユクサ, ユリなど

双子葉類の分類

双子葉類は, **花弁のつくりによって** 2つの種類に分けられる。

● **合弁花** 類…花弁がくっついている。

例 ツツジ, アサガオなど

ツツジ

● **離弁** 類…花弁が離れている。

例 アブラナ, サクラなど

アブラナ

植物の分類のまとめ

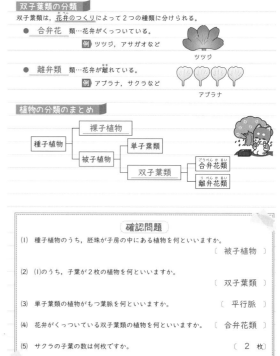

確認問題

(1) 種子植物のうち, 胚珠が子房の中にある植物を何といいますか。〔 被子植物 〕

(2) (1)のうち, 子葉が2枚の植物を何といいますか。〔 双子葉類 〕

(3) 単子葉類の植物がもつ葉脈を何といいますか。〔 平行脈 〕

(4) 花弁がくっついている双子葉類の植物を何といいますか。〔 合弁花類 〕

(5) サクラの子葉の数は何枚ですか。〔 2 枚 〕

解説　第1章 6 種子植物

確認問題

(1)　種子植物は，被子植物と裸子植物に分類される。被子植物は胚珠が子房の中にある植物であり，裸子植物は胚珠がむき出しになっている植物である。

(2)　被子植物は，双子葉類と単子葉類に分類される。双子葉類は子葉が2枚の植物であり，単子葉類は子葉が1枚の植物である。

(3)　単子葉類の特徴として，葉脈が平行脈であることや，根のつくりがひげ根であることがあげられる。これに対して，双子葉類の特徴には，葉脈が網状脈であることや，根のつくりが主根と側根からなることがあげられる。

(4)　双子葉類は，合弁花類と離弁花類に分類される。合弁花類は花弁がくっついており，離弁花類は花弁が離れている。

(5)　サクラは双子葉類である。したがって，子葉の数は2枚である。

種子植物の分類のまとめ

●種子植物

種子をつくる植物。子房があるかないかで次の2つの種類に分けられる。

・被子植物：胚珠が子房の中にある。
・裸子植物：胚珠がむき出しである。

●被子植物の分類

子葉の枚数のちがいで次の2種類に分けられる。根のつくりや葉脈にもちがいがある。

・双子葉類：子葉は2枚，根は主根と側根からなり，葉脈は網状脈。
・単子葉類：子葉は1枚，根はひげ根で，葉脈は平行脈。

●双子葉類の分類

花弁のつき方のちがいで次の2種類に分けられる。

・合弁花類：花弁がくっついている。
・離弁花類：花弁が離れている。

第1章　植物の生活と種類

7 種子をつくらない植物 ………………………… 16・17ページの解答

シダ植物

・種子をつくらず，　胞子　をつくってなかまをふやす。
・根・茎・葉の区別が　ある　。
・葉緑体をもち，葉が緑色をしていて光合成を行う。

例 イヌワラビ，ゼンマイなど

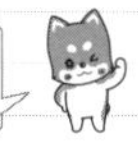

種子植物は種子で，シダ植物は胞子でふえるんだね。

●シダ植物のつくり

胞子は　胞子のう　という袋のようなつくりに入っている。

胞子のうは，葉の　裏　側に多く見られる。

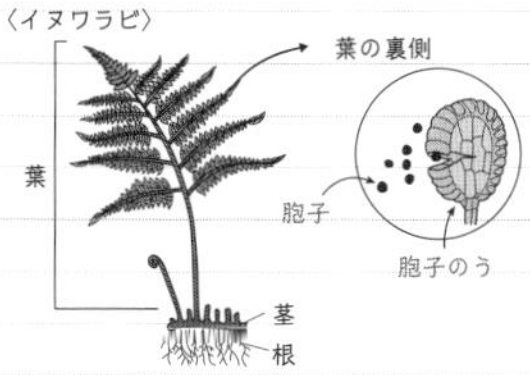

〈イヌワラビ〉
葉の裏側
葉
胞子
胞子のう
茎
根

memo
シダ植物の茎は地中にあることが多い。

コケ植物

・シダ植物と同じように，　胞子　をつくってなかまをふやす。
・根・茎・葉の区別が　ない　。
・水は　からだの表面　からとり入れている。

例 ゼニゴケ，スギゴケなど

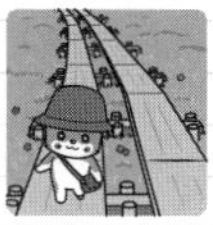

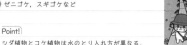

Point!
シダ植物とコケ植物は水のとり入れ方が異なる。

●コケ植物のつくり

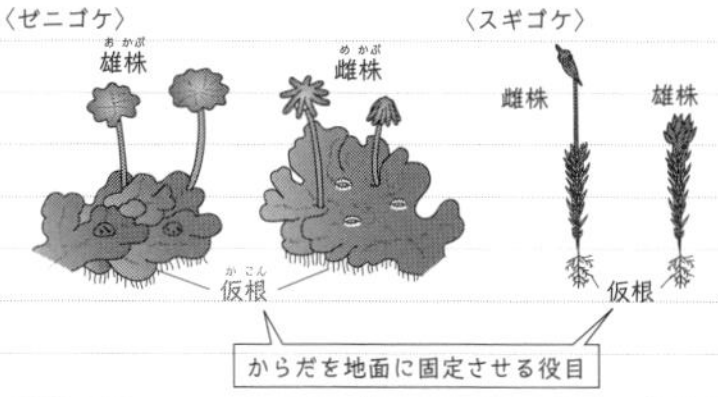

〈ゼニゴケ〉
〈スギゴケ〉
雌株
雌株
雌株
雄株
仮根
仮根
からだを地面に固定させる役目

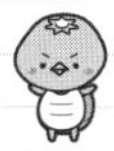

胞子をつくるのは雌株だけ！

・ゼニゴケ，スギゴケなどには雄株と雌株があり，胞子は　雌　株にある　胞子のう　に入っている。

・根のように見えるつくりは　仮根　といい，からだを地面に固定させる役目をもつ。

確認問題

(1)　イヌワラビ，ゼンマイなどの植物を何といいますか。　〔 シダ植物 〕

(2)　(1)の植物や，ゼニゴケ，スギゴケなどの植物は，何をつくってなかまをふやしますか。　〔 胞子 〕

(3)　シダ植物には，根・茎・葉の区別がありますか，ありませんか。　〔 ある。 〕

(4)　コケ植物には，根・茎・葉の区別がありますか，ありませんか。　〔 ない。 〕

(5)　コケ植物に見られる，からだを地面に固定させる役目をもつ根のようなつくりを何といいますか。　〔 仮根 〕

第1章 植物の生活と種類

8 植物のなかま分け ·· 18・19ページの解答

●植物は，種子をつくる **種子植物** と，
種子をつくらない植物に分類できる。

```
          植物
    ┌──────┴──────┐
  種子植物          
  種子をつくる   種子をつくらない
```

種子をつくらない植物は，
胞子でふえるよ。

●種子植物は，胚珠が子房の中にある **被子植物** と，
胚珠がむき出しになっている **裸子植物** に分類できる。

```
          種子植物
          種子をつくる
    ┌──────┴──────┐
  被子植物        裸子植物
  胚珠が子房の中にある  胚珠がむき出し
              （マツ，イチョウなど）
```

●被子植物は，子葉の数が2枚の **双子葉類** と，
子葉の数が1枚の **単子葉類** に分類できる。

```
          被子植物
       胚珠が子房の中にある
    ┌──────┴──────┐
  双子葉類        単子葉類
  子葉が2枚       子葉が1枚
  主根と側根       ひげ根
  茎の維管束が輪状    茎の維管束がばらばら
  葉脈が網状脈      葉脈が平行脈
              （ツユクサ，ユリなど）
```

これも覚えよう
双子葉類と単子葉類では，子葉の数のほかに，根の
つくり，維管束の並び方，葉脈の形も異なる。

●双子葉類は，花弁がくっついている **合弁花類** と，
花弁が離れている **離弁花類** に分類できる。

```
          双子葉類
    ┌──────┴──────┐
  合弁花類        離弁花類
  花弁がくっついている  花弁が離れている
  （ツツジ，アサガオなど）（アブラナ，サクラなど）
```

●種子をつくらない植物は，根・茎・葉の区別がある **シダ植物** と，
根・茎・葉の区別がない **コケ植物** に分類できる。

```
       種子をつくらない植物
    ┌──────┴──────┐
  シダ植物        コケ植物
  胞子でふえる      胞子でふえる
  根，茎，葉の区別がある 根，茎，葉の区別がない
  （イヌワラビなど）   （ゼニゴケなど）
```

確認問題
(1) 種子植物は，被子植物と何植物に分類できますか。 〔 裸子植物 〕

(2) 双子葉類と単子葉類は，何の数のちがいによる分類ですか。 〔 子葉 〕

(3) 双子葉類はさらに何のつき方で分類されますか。 〔 花弁 〕

(4) シダ植物とコケ植物は，何の区別があるかないかで分類されますか。 〔 根・茎・葉 〕

(5) ユリ・ツツジ・サクラは，シダ植物・コケ植物とは何をつくる点がちがいますか。 〔 種子 〕

第1章 植物の生活と種類

9 動物の生活と体のつくり ······························ 20・21ページの解答

肉食動物と草食動物
●肉食動物…ほかの動物を食べる動物。獲物をとらえてその肉を食べるため，
犬歯 が発達している。例 ライオンなど

● **草食動物** …植物を食べる動物。草をすりつぶすなどして食べるため，
臼歯 が発達している。例 シマウマなど

脊椎動物
背骨をもつ動物を **脊椎動物** という。

	生活場所	呼吸	ふえ方	体表
魚類	水中	えら	卵生	うろこ
両生類（カエルなど）	子：水中 親：陸上	子：えらと皮ふ 親：肺と皮ふ	卵生	湿った皮ふ
は虫類（ヤモリなど）	おもに陸上	肺	卵生	うろこ
鳥類	陸上	肺	卵生	羽毛
ほ乳類	おもに陸上	肺	胎生	毛

●卵生…親が 卵 をうみ， 卵 から子がかえる。
● 胎生 …母親の体内である程度成長した子がうまれる。

●脊椎動物の例
・ **魚** 類…アジ，マグロ，サメなど。
・ **両生** 類…カエル，イモリ，オオサンショウウオなど。
・ **は虫** 類…ヤモリ，ヘビ，カメなど。
・ **鳥** 類…ハト，タカ，ペンギンなど。
・ **ほ乳** 類…ヒト，イルカ，コウモリなど。

イモリは両生類，
ヤモリは虫類
だよ。

無脊椎動物
背骨をもたない動物を **無脊椎動物** という。
●節足動物…体の外側にかたい **外骨格** をもち，体に多くの **節** がある動物。
カブトムシ・チョウなどの **昆虫類** ，
エビ・カニなどの **甲かく類** ，クモ，ムカデなどがふくまれる。

ミジンコ

5ページで出てきた
ミジンコも節足動物だよ。

● **軟体動物** …骨格をもたず，内臓が **外とう膜** でおおわれている動物。
タコ，イカ，アサリ，マイマイなど。

Point!
軟体動物は，水中で生活するものが多い。

●その他の無脊椎動物…ヒトデ，イソギンチャク，ミミズなど。

確認問題
(1) シマウマのように植物を食べる動物を何といいますか。 〔 草食動物 〕

(2) 脊椎動物は，何をもつ動物のなかまですか。 〔 背骨 〕

(3) 脊椎動物で，胎生であるなかまは何類ですか。 〔 ほ乳類 〕

(4) かたい外骨格をもち，体に多くの節がある無脊椎動物のなかまを何といいますか。 〔 節足動物 〕

(5) 軟体動物の内臓をおおうやわらかい膜を何といいますか。 〔 外とう膜 〕

確認問題

(1) 草食動物は植物を食べる動物のなかまであり，臼歯が発達していて草を食べるのに適した歯をもつ。一方，ほかの動物を食べる肉食動物は，犬歯が発達していて，獲物をとらえて肉を食べるのに適した歯をもつ。

(2) 脊椎動物は，背骨をもつ動物のなかまであり，呼吸や体表などのちがいでさらに魚類，両生類，は虫類，鳥類，ほ乳類に分けられる。

(3) 胎生とはある程度成長した子をうむなかまのふやし方で，ほ乳類だけがこのふえ方をする。その他の脊椎動物は卵をうむ卵生である。

(4) 節足動物は，無脊椎動物のうち，体が外骨格でおおわれていて，多くの節をもつなかまである。節足動物はさらに，昆虫類，甲かく類，クモやムカデなどに分類される。

(5) 軟体動物は，背骨や外骨格をもたず，内臓は外とう膜とよばれる膜でおおわれている。

ヒトデ，ミミズなどは節足動物や軟体動物に分類されない無脊椎動物。

動物の分類のまとめ

● 動物の分類

・肉食動物：犬歯が発達し，ほかの動物をとらえてその肉を食べる。

・草食動物：臼歯が発達し，植物をすりつぶすなどして食べる。

● 脊椎動物

　背骨をもつ動物。

・魚類：水中で生活し，えら呼吸をする。

・両生類：子と親で生活場所と呼吸のしかたが異なる。

・は虫類：陸上で生活し，うろこをもつ。

・鳥類：卵生で，羽毛でおおわれている。

・ほ乳類：胎生で，肺呼吸をする。

● 無脊椎動物

　背骨をもたない動物。

・節足動物：外骨格と節をもつ。昆虫類，甲かく類がふくまれる。

・軟体動物：外とう膜をもつ。

第2章 身のまわりの物質

1 物質の分類 ‥‥‥‥‥‥‥‥‥‥‥‥‥‥‥‥‥‥‥‥ 22・23 ページの解答

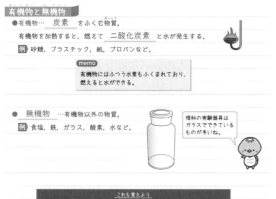

有機物と無機物

● 有機物…炭素をふくむ物質。

有機物を加熱すると，燃えて二酸化炭素と水が発生する。

例 砂糖，プラスチック，紙，プロパンなど。

memo
有機物にはふつう水素もふくまれており，燃えると水ができる。

● 無機物…有機物以外の物質。

例 食塩，鉄，ガラス，酸素，水など。

理科の実験器具はガラスでできているものが多いね。

これも覚えよう
物体…形や使い方などに注目したときのもののよび方。
物質…つくっている材料に注目したときのもののよび方。

金属と非金属

金属…鉄や銅などの物質。次の共通した性質をもつ。

● すべての金属にあてはまる性質

・電気をよく通す。

・みがくと光沢が出る。

・引っ張ると，細くのびる。

・たたくと，うすく広がる。

・熱をよく伝える。

金属をみがくと出る光沢は金属光沢ともいうよ。

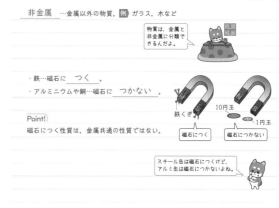

非金属…金属以外の物質。例 ガラス，木など

物質は，金属と非金属に分類できるんだよ。

・鉄…磁石につく。

・アルミニウムや銅…磁石につかない。

Point!
磁石につく性質は，金属共通の性質ではない。

鉄くぎ　10円玉　1円玉
磁石につく　磁石につかない

スチール缶は磁石につくけど，アルミ缶は磁石につかないよね。

確認問題

(1) 紙，砂糖などの，炭素をふくむ物質を何といいますか。 〔 有機物 〕

(2) 炭素をふくむ物質を燃やすと，何ができますか。 〔 二酸化炭素 〕

(3) 鉄や銅などの物質は，熱をよく伝える性質のほかに，何をよく通す性質がありますか。 〔 電気 〕

(4) ガラスや木など，金属以外の物質を何といいますか。 〔 非金属 〕

(5) スチール缶とアルミ缶を区別するには，何を近づけるとよいですか。 〔 磁石 〕

2 質量・体積と物質の区別 ··· 24・25 ページの解答

密度

●密度…単位体積あたりの質量。

・ふつう，1 cm³ あたりの質量で表し，その単位は，
  __g/cm³__（グラム毎立方センチメートル）である。

・密度は，物質によって大きさが決まっているので，
  密度によって物質を区別することが __できる__ 。

●密度を求める公式

$$\text{物質の密度}\,[\,\underline{\text{g/cm}^3}\,] = \frac{\text{物質の}\,\underline{\text{質量}}\,[\text{g}]}{\text{物質の}\,\underline{\text{体積}}\,[\text{cm}^3]}$$

グラム毎立方センチメートル

（例題）体積が 50.0 cm³ の酢（酢酸）の質量が 52.5 g であるとき，
この酢の密度を求めなさい。

$$\frac{52.5\,[\text{g}]}{50.0\,[\text{cm}^3]} = 1.05\,[\,\underline{\text{g/cm}^3}\,]$$

Point!
密度の大きさは，物質の種類によって決まっている。

水の密度は，1 g/cm³ だよ。

物体の浮き沈み

・液体中の物体の浮き沈みは，液体と物体の __密度__ の大小で決まる。
・物体の密度が，液体の密度より大きいと，物体は液体に __沈む__ 。
・物体の密度が，液体の密度より小さいと，物体は液体に __浮く__ 。

例 液体…水（密度 1.0 g/cm³）
　物体…氷（密度 0.9 g/cm³）
　➡水の密度＞氷の密度
　➡氷（物体）は水（液体）に __浮く__ 。

水
氷

例 液体…水（密度 1.0 g/cm³）
　物体…鉄（密度 7.9 g/cm³）
　➡水の密度＜鉄の密度
　➡鉄（物体）は水（液体）に __沈む__ 。

水
鉄

Point!
液体中での物体の浮き沈みを調べるには，
液体の密度と物体の密度を比べる。

確認問題

(1) 物質の密度の単位は，ふつう，どのように表されますか。　〔 g/cm³ 〕

(2) 質量 20.0 g，体積 10.0 cm³ の物質の密度を，単位をつけて求めなさい。
$$\frac{20.0[\text{g}]}{10.0[\text{cm}^3]} = 2.0[\text{g/cm}^3]$$
　〔 2.0 g/cm³ 〕

(3) 密度 2.7 g/cm³，体積 10.0 cm³ の質量を，単位をつけて求めなさい。
2.7[g/cm³] × 10.0[cm³] = 27.0[g]　〔 27.0 g 〕

(4) 密度 9.0 g/cm³ の銅は，密度 1.0 g/cm³ の水に浮きますか，沈みますか。
　〔 沈む。 〕

(5) 密度 0.9 g/cm³ のプラスチックは，密度 1.0 g/cm³ の水に浮きますか，沈みますか。
　〔 浮く。 〕

解説 **第2章 2 質量・体積と物質の区別**

確認問題

(1) 密度は単位体積あたりの質量のことで，ふつう，1 cm³ あたりの質量で表す。単位は「g/cm³」で表される。

(2) 物質の密度[g/cm³] ＝ 物質の質量[g] / 物質の体積[cm³] より，
$$\frac{20.0[\text{g}]}{10.0[\text{cm}^3]} = 2.0[\text{g/cm}^3]$$

(3) 物質の質量[g]
　＝物質の密度[g/cm³]×物質の体積[cm³]より，
　　　　　　　　　　密度を求める公式を変形した式
2.7[g/cm³] × 10.0[cm³] = 27.0[g]

(4) 物体の密度が液体の密度より大きいとき，物体は液体に沈むので，密度 9.0 g/cm³ の銅は，密度 1.0 g/cm³ の水に沈む。

(5) 物体の密度が液体の密度より小さいとき，物体は液体に浮くので，密度 0.9 g/cm³ のプラスチックは，密度 1.0 g/cm³ の水に浮く。

密度と物体の浮き沈みのまとめ

●密度

単位体積あたりの質量。ふつう，1 cm³ あたりの質量で表す。単位は，「g/cm³」で表される。

密度の大きさは物質によって決まっているので，密度によって物質を区別することができる。

●密度を求める公式
$$\text{物質の密度}\,[\text{g/cm}^3] = \frac{\text{物質の質量}[\text{g}]}{\text{物質の体積}[\text{cm}^3]}$$

●物体の浮き沈み

・物体の密度＞液体の密度　であるとき，物体は液体に沈む。

・物体の密度＜液体の密度　であるとき，物体は液体に浮く。

➡液体中での物体の浮き沈みを調べるには，液体の密度と物体の密度を比べる。

3 実験器具の使い方 ·················· 26・27 ページの解答

ガスバーナーの使い方

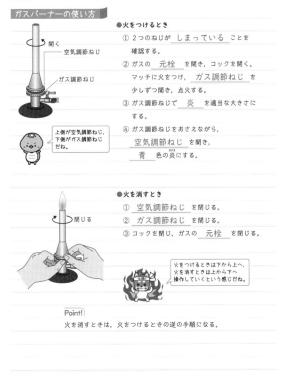

開く
空気調節ねじ
ガス調節ねじ

●火をつけるとき
① 2つのねじが しまっている ことを
確認する。
② ガスの 元栓 を開き，コックを開く。
マッチに火をつけ，ガス調節ねじ を
少しずつ開き，点火する。
③ ガス調節ねじで 炎 を適当な大きさに
する。
④ ガス調節ねじをおさえながら，
空気調節ねじ を開き，
青 色の炎にする。

上側が空気調節ねじ，下側がガス調節ねじだね。

●火を消すとき
① 空気調節ねじ を閉じる。
② ガス調節ねじ を閉じる。
③ コックを閉じ，ガスの 元栓 を閉じる。

閉じる

火をつけるときは下から上へ，火を消すときは上から下へ操作していくという感じだね。

Point!
火を消すときは，火をつけるときの逆の手順になる。

メスシリンダーの使い方

・メスシリンダー…液体の 体積 をはかる器具。
・ 水平 なところに置き，真横から液面の平らな部分を，
最小目盛りの 10分の1 まで目分量で読みとる。
例 下の図の液体の体積は 64.5 cm³である。

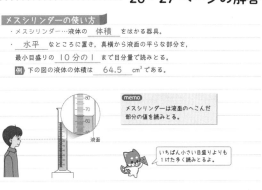

液面

memo
メスシリンダーは液面のへこんだ部分の値を読みとる。

いちばん小さい目盛りよりも1けた多く読みとるよ。

確認問題
(1) ガスバーナーに火をつけるとき，ガスの元栓とコックを開き，マッチに火をつけたら，次に何というねじを開きますか。 〔 ガス調節ねじ 〕

(2) ガスバーナーに火をつけるとき，炎を適当な大きさにしたら，次に何というねじを開きますか。 〔 空気調節ねじ 〕

(3) ガスバーナーの火を消すときは，空気調節ねじとガス調節ねじのどちらを先に閉じますか。 〔 空気調節ねじ 〕

(4) メスシリンダーで液体の体積を読みとるとき，目の位置を目盛りのどこに合わせますか。
〔 真横 〕

(5) メスシリンダーでは最小目盛りの何分の1まで読みとりますか。
〔 10分の1 〕

---

4 気体の集め方と性質 ··················· 28・29ページの解答

気体の集め方

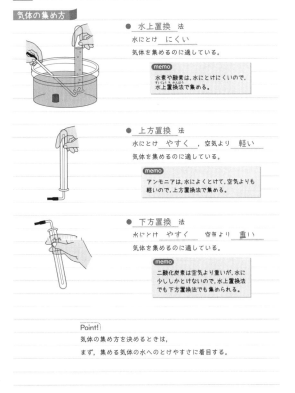

● 水上置換 法
水にとけ にくい
気体を集めるのに適している。

memo
水素や酸素は，水にとけにくいので，水上置換法で集める。

● 上方置換 法
水にとけ やすく ，空気より 軽い
気体を集めるのに適している。

memo
アンモニアは，水によくとけて，空気よりも軽いので，上方置換法で集める。

● 下方置換 法
水にとけ やすく ，空気より 重い
気体を集めるのに適している。

memo
二酸化炭素は空気より重いが，水に少ししかとけないので，水上置換法でも下方置換法でも集められる。

Point!
気体の集め方を決めるときは，
まず，集める気体の水へのとけやすさに着目する。

いろいろな気体の性質

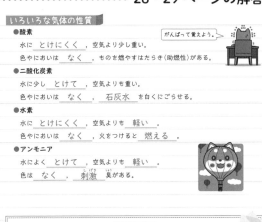

●酸素
水に とけにくく ，空気より少し重い。
色やにおいは なく ，ものを燃やすはたらき（助燃性）がある。

●二酸化炭素
水に少し とけて ，空気よりも重い。
色やにおいは なく ，石灰水を白くにごらせる。

●水素
水に とけにくく ，空気よりも 軽い 。
色やにおいは なく ，火をつけると 燃える 。

●アンモニア
水によく とけて ，空気よりも 軽い 。
色は なく ，刺激 臭がある。

がんばって覚えよう。

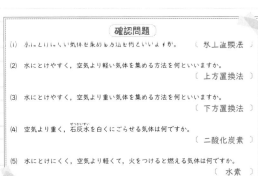

確認問題
(1) 水にとけにくい気体を集める方法を何といいますか。 〔 水上置換法 〕

(2) 水にとけやすく，空気より軽い気体を集める方法を何といいますか。
〔 上方置換法 〕

(3) 水にとけやすく，空気より重い気体を集める方法を何といいますか。
〔 下方置換法 〕

(4) 空気より重く，石灰水を白くにごらせる気体は何ですか。
〔 二酸化炭素 〕

(5) 水にとけにくく，空気より軽くて，火をつけると燃える気体は何ですか。
〔 水素 〕

5 いろいろな気体の発生 ………………………………… 30・31 ページの解答

酸素

うすい過酸化水素水

酸素

二酸化マンガン

水

うすい過酸化水素水は、オキシドールとも呼ばれるよ。

・発生方法… 二酸化マンガン にうすい 過酸化水素水 を加える。
・性質…ものを燃やすはたらき(助燃性)がある。

Point!
酸素は、ほかのものを燃やすはたらきがあるが、
酸素そのものは燃えない。

二酸化炭素

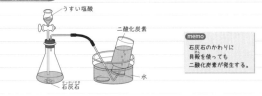

うすい塩酸

二酸化炭素

石灰石

水

memo
石灰石のかわりに
貝殻を使っても
二酸化炭素が発生する。

・発生方法… 石灰石 にうすい 塩酸 を加える。
・性質… 石灰水 を白くにごらせる。

水素

水素

うすい塩酸

亜鉛などの金属

水

memo
亜鉛のかわりに鉄を使っても
水素が発生する。

・発生方法… 亜鉛 などの金属に、うすい 塩酸 を加える。
水にとけにくいので、 水上置換法 で集める。
・性質…燃えて 水 ができる。

これも覚えよう
水素は、すべての物質のなかで、
いちばん密度の小さい物質である。

アンモニア

・発生方法… 塩化アンモニウム と水酸化カルシウムの
混合物を 加熱 する。
・性質…刺激臭があり、水によく とける 。

確認問題

(1) 二酸化マンガンにうすい過酸化水素水(オキシドール)を加えると発生する気体
は何ですか。 〔 酸素 〕

(2) 二酸化炭素は、何にうすい塩酸を加えると発生しますか。 〔 石灰石 〕

(3) 水素は、亜鉛に何を加えると発生しますか。 〔 うすい塩酸 〕

(4) 塩化アンモニウムと水酸化カルシウムの混合物を加熱すると発生する気体は何
ですか。 〔 アンモニア 〕

(5) 水素が燃えると何ができますか。 〔 水 〕

---

6 水溶液の性質 ………………………………………… 32・33 ページの解答

物質の溶解

●溶液…物質がとけている液全体。
水に物質がとけた液体を 水溶液 という。
● 溶質 …溶液にとけている物質。
● 溶媒 …溶質をとかしている液体。

溶質が溶媒にとける
ことを溶解というよ。

memo
溶質は固体だけでなく気体や液体の場合もあるが、
溶媒はつねに液体である。

例 食塩水

水
(溶媒)

食塩
(溶質)

食塩水
(溶液)

これも覚えよう
食塩は、塩化ナトリウム
という物質である。

➡溶液は食塩水、溶質は 食塩 、溶媒は 水 である。

Point!
水溶液は必ず透明になっている。

●溶質が気体や液体の場合もある。
例 炭酸水…二酸化炭素(気体)の水溶液。
過酸化水素水…過酸化水素(液体)の水溶液。

牛乳は透明じゃない
から、水溶液じゃな
いんだね。

溶液中の溶質の状態

溶質

溶質の粒子

・溶質は、溶液中で小さな 粒子 となって一様に散らばっている。
・溶液のどの部分をとっても、濃さは 同じ である。
・溶液を放置しておいても、とけている物質が出てくることは ない 。

確認問題

(1) 水に物質がとけている液体を何といいますか。 〔 水溶液 〕

(2) 溶液にとけている物質を何といいますか。 〔 溶質 〕

(3) 食塩水で、溶媒にあたる物質は何ですか。 〔 水 〕

(4) 溶液の上のほうと下のほうの濃さは、同じですか、ちがいますか。
〔 同じ。 〕

(5) 溶液を長時間置いておくと、とけている物質は出てきますか、出てきませんか。
〔 出てこない。 〕

7 質量パーセント濃度 ‥‥‥‥‥‥‥‥‥‥‥‥‥‥‥‥‥‥‥ 34・35 ページの解答

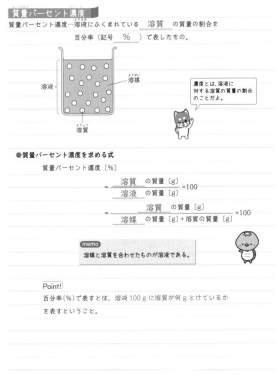

質量パーセント濃度

質量パーセント濃度…溶液にふくまれている　溶質　の質量の割合を

百分率（記号　 ％ 　）で表したもの。

溶液

溶媒（ようばい）

溶質（ようしつ）

濃度とは,溶液に対する溶質の質量の割合のことだよ。

●質量パーセント濃度を求める式

$$
質量パーセント濃度〔\%〕
$$

$$
= \frac{溶質　の質量〔g〕}{溶液　の質量〔g〕} \times 100
$$

$$
= \frac{溶質　の質量〔g〕}{溶媒　の質量〔g〕+溶質の質量〔g〕} \times 100
$$

memo
溶媒と溶質を合わせたものが溶液である。

Point!
百分率(%)で表すとは，溶液100ｇに溶質が何ｇとけているかを表すということ。

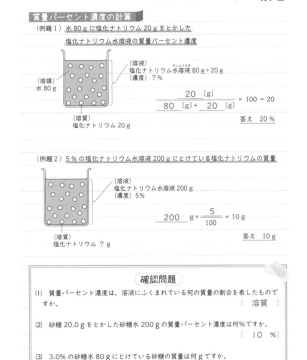

質量パーセント濃度の計算

（例題１）水 80 g に塩化ナトリウム 20 g をとかした
塩化ナトリウム水溶液の質量パーセント濃度

（溶媒）水 80 g

（溶液）塩化ナトリウム水溶液 80 g＋20 g
（濃度）？ %

（溶質）塩化ナトリウム 20 g

$$
\frac{20 \ 〔g〕}{80 \ 〔g〕+ \ 20 \ 〔g〕} \times 100 = 20
$$

答え　20 %

（例題２）5 % の塩化ナトリウム水溶液 200 g にとけている塩化ナトリウムの質量

（溶液）塩化ナトリウム水溶液 200 g
（濃度）5%

（溶質）塩化ナトリウム ？ g

$$
200 \ g \times \frac{5}{100} = 10 \ g
$$

答え　10 g

（確認問題）

(1) 質量パーセント濃度は，溶液にふくまれている何の質量の割合を表したものですか。　　　　　　　　　　　　　　〔 溶質 〕

(2) 砂糖 20.0 g をとかした砂糖水 200 g の質量パーセント濃度は何%ですか。　　　　　　　　　　　　　　　　　　　　〔 10 % 〕

(3) 3.0% の砂糖水 80 g にとけている砂糖の質量は何 g ですか。　　　　　　　　　　　　　　　　　　　　　　　　〔 2.4 g 〕

解説　第2章 7 質量パーセント濃度

（確認問題）

‥‥溶質＋溶媒

(1) 質量パーセント濃度（のうど）は，溶液にふくまれている溶質（ようしつ）の質量の割合を百分率で表したもので，単位は「%」で表される。

(2) 溶質（砂糖）の質量は 20.0 g，溶液（砂糖水）の質量は 200 g である。

質量パーセント濃度〔%〕

$$
= \frac{溶質の質量〔g〕}{溶液の質量〔g〕} \times 100 \ より,
$$

$$
\frac{20.0〔g〕}{200〔g〕} \times 100 = 10 \quad よって，10 %
$$

(3) 質量パーセント濃度が 3.0 % である砂糖水 80 g にふくまれる砂糖の質量は，

$$
80〔g〕 \times \frac{3.0}{100} = 2.4〔g〕
$$

（溶液の濃度のまとめ）

●溶液

物質（ぶっしつ）がとけている液全体をさす。
溶媒が水である溶液を水溶液という。

溶媒（溶質をとかしている液体）╲
　　　　　　　　　　　　　　　 ╲合わせて
溶質（溶液にとけている物質）　╱ 溶液

●質量パーセント濃度

溶液にふくまれている溶質の質量の割合を百分率で表したもの。

質量パーセント濃度〔%〕

$$
= \frac{溶質の質量〔g〕}{溶液の質量〔g〕} \times 100
$$

$$
= \frac{溶質の質量〔g〕}{溶媒の質量〔g〕+溶質の質量〔g〕} \times 100
$$

8 溶質のとり出し方 ・・・・・・・・・・・・・・・・・・・・・・・・・・・・・・・・・・・・・ 36・37 ページの解答

飽和水溶液と溶解度

●物質がそれ以上とけることができない水溶液を　飽和水溶液　という。

●100 g の水にそれ以上とけることができない物質の質量を　溶解度　という。

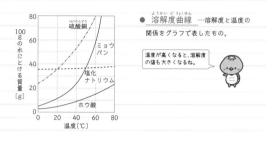

● 溶解度曲線 …溶解度と温度の関係をグラフで表したもの。

温度が高くなると,溶解度の値も大きくなるね。

Point!
溶解度は,溶質の種類ごとに決まっており,温度によって値が変わる。

再結晶

●いくつかの平面で囲まれた規則正しい形をした固体を　結晶　という。

●固体の物質をいったん溶媒にとかし,溶解度の差などを利用して再び結晶としてとり出すことを　再結晶　という。

memo
再結晶をすることで,不純物をふくむ物質から,純粋な物質を得ることができる。

ろ過のやり方

●ろ紙などを使って液体と固体を分けることを　ろ過　という。

① 　ろうと　のあしの長いほうをビーカーのかべにあてる。

② 液体を　ガラス棒　に伝わらせて注ぐ。

ガラス棒は,ろうとの側面のろ紙が重なっているところにあてよう。

Point!
ろ紙の上には,ろ紙のすきまより大きい固体が残る。

ろ紙

確認問題

(1) 物がそれ以上とけることができない水溶液を何といいますか。
〔 飽和水溶液 〕

(2) 100 g の水にそれ以上とけることができない物質の質量を何といいますか。
〔 溶解度 〕

(3) 固体の物質をいったん溶媒にとかし,溶解度の差などを利用して再び結晶としてとり出すことを何といいますか。
〔 再結晶 〕

(4) 40 ℃の硫酸銅の飽和水溶液から,硫酸銅を結晶として再結晶でとり出すには,温度をどのように変えればよいですか。
〔 下げる。 〕

---

9 状態変化と温度 ・・ 38・39 ページの解答

状態変化

物質が温度によって固体,液体,気体とすがたを変えることを　状態変化　という。

・固体→液体→気体と変化すると,ふつう,体積は　大きく　なる。

・状態変化では,体積は変化　する　が,質量は変化　しない　。

・同じ質量で状態のちがう物質の体積を比べると…

多くの物質:固体の体積のほうが,液体の体積より　小さい　。

水(例外):固体(氷)の体積のほうが,液体(水)の体積より　大きい　。

●状態変化と物質の粒子の動き

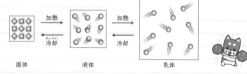

　固体　のとき,物質の粒子はあまり動かない。

・加熱すると…

固体 ⟹ 液体…物質の粒子は少し動きまわる。

液体 ⟹ 　気体　…物質の粒子ははげしく動くようになる。

・冷却すると…

気体 ⟹ 　液体　…物質の粒子の動きはにぶくなる。

液体 ⟹ 　固体　…物質の粒子はほとんど動かなくなる。

状態が変化しても,粒子の数は変わらないね。

Point!
固体→液体→気体と変化するにつれて,物質の粒子は自由に動けるようになる。

融点と沸点

固体がとけて液体に変化するときの温度を　融点　といい,液体が沸とうして気体に変化するときの温度を　沸点　という。

●水の状態変化

これも覚えよう
固体がとけはじめてからすべて液体になるまでの間と,気体が沸とうしはじめてからすべて気体になるまでの温度は一定である。

確認問題

(1) 物質が温度によって固体,液体,気体とすがたを変えることを何といいますか。
〔 状態変化 〕

(2) 物質が状態変化するとき,質量はどうなりますか。
〔 変化しない。 〕

(3) 物質の粒子がよりはげしく動くようになるのは,物質の状態が液体から何に変化するときですか。
〔 気体 〕

(4) 固体がとけて液体に変化するときの温度を何といいますか。
〔 融点 〕

10 混合物の分け方 ………………………………………

純粋な物質と混合物

●純粋な物質（純物質）… 　１　種類の物質でできているもの。

例 塩化ナトリウム

酸素

二酸化炭素

酸化マグネシウム　など。

> 物質は、純粋な物質と混合物に分けられるよ。

● 　混合物　…2種類以上の物質が混ざり合ったもの。

　融点と沸点は一定で　ない　。

例 海水（食塩＋水など）

空気（窒素＋酸素＋二酸化炭素など）

砂糖水（砂糖＋水）

みりん（水＋エタノールなど）　など。

Point!
純粋な物質の融点と沸点は一定になるが、
混合物の融点や沸点は一定にならない。

混合物の分け方

●蒸留…液体を加熱して　沸とう　させ、
出てくる気体を冷やして再び液体にして集める方法。

これも覚えよう
蒸留は、混合物にふくまれるそれぞれの
物質の沸点が異なる点を利用している。

> 蒸留は、医薬品、農薬、酒、ガソリンなどをつくるときに利用されているよ。

●水とエタノールの混合物の分け方

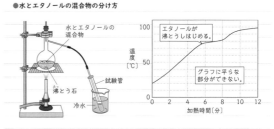

水とエタノールの混合物

試験管

沸とう石

冷水

> エタノールが沸とうしはじめる。

> グラフに平らな部分ができない。

温度〔℃〕／加熱時間〔分〕

沸点が　100　℃の水と、沸点が78℃のエタノールの混合物を加熱すると、
沸点の低い　エタノール　が先に気体となる。

➡ 　エタノール　のほうが先に試験管に出てくる。

memo
試験管に出てきた気体を調べるには、エタノールにはにおいがあり、火をつけると燃える性質を利用する。

確認問題

(1) 2種類以上の物質が混ざり合ったものを何といいますか。　〔　混合物　〕

(2) 水、海水、砂糖水のうち、純粋な物質はどれですか。　〔　水　〕

(3) 酸素、二酸化炭素、空気のうち、混合物はどれですか。　〔　空気　〕

(4) 液体を加熱して沸とうさせ、出てくる気体を冷やして再び液体にして集める方法を何といいますか。　〔　蒸留　〕

(5) 水とエタノールの混合物を蒸留によって分離できるのは、水とエタノールでは何がちがうからですか。　〔　沸点　〕

---

1 光の性質 ………………………………………………

光の反射

●光が物体にあたり、はね返ることを、光の　反射　という。

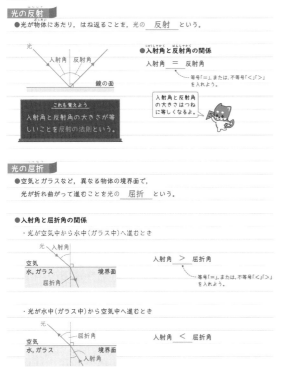

光

入射角／反射角

鏡の面

●入射角と反射角の関係

入射角　＝　反射角

> 等号「＝」、または、不等号「＜」「＞」を入れよう。

これも覚えよう
入射角と反射角の大きさが等しいことを反射の法則という。

> 入射角と反射角の大きさはつねに等しくなるよ。

光の屈折

●空気とガラスなど、異なる物体の境界面で、
光が折れ曲がって進むことを光の　屈折　という。

●入射角と屈折角の関係

・光が空気中から水中（ガラス中）へ進むとき

光／入射角

空気／水、ガラス／境界面

屈折角

入射角　＞　屈折角

> 等号「＝」、または、不等号「＜」「＞」を入れよう。

・光が水中（ガラス中）から空気中へ進むとき

光／屈折角

空気／水、ガラス／境界面

入射角

入射角　＜　屈折角

全反射

●光が水中（ガラス中）から空気中へ進むとき、光が空気中へ出ていかずに、
境界面ですべて反射する現象を　全反射　という。

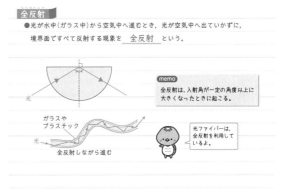

光

memo
全反射は、入射角が一定の角度以上に大きくなったときに起こる。

ガラスやプラスチック

光

全反射しながら進む

> 光ファイバーは、全反射を利用しているよ。

確認問題

(1) 光が物体にあたり、はね返ることを何といいますか。　〔　光の反射　〕

(2) 光が鏡の面で反射するとき、入射角と反射角の大きさはどのようになりますか。
　〔　等しくなる。　〕

(3) 異なる物体の境界面で、光が折れ曲がって進むことを何といいますか。
　〔　光の屈折　〕

(4) 光が空気中から水中へ進むとき、屈折角は入射角に比べてどのようになりますか。
　〔　小さくなる。　〕

(5) 光が水中（ガラス中）から空気中へ進むとき、光が空気中へ出ていかずに、境界面ですべて反射する現象を何といいますか。
　〔　全反射　〕

凸レンズ

●中心が外側にふくらんでいるレンズを 凸レンズ という。

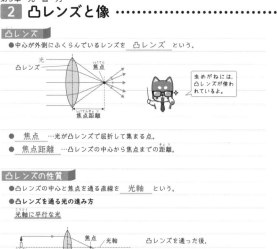

虫めがねには、凸レンズが使われているよ。

● 焦点 …光が凸レンズで屈折して集まる点。
● 焦点距離 …凸レンズの中心から焦点までの距離。

凸レンズの性質

●凸レンズの中心と焦点を通る直線を 光軸 という。
●凸レンズを通る光の進み方
光軸に平行な光

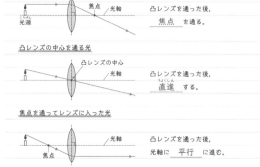

凸レンズを通った後，
焦点 を通る。

凸レンズの中心を通る光

凸レンズを通った後，
直進 する。

焦点を通ってレンズに入った光

凸レンズを通った後，
光軸に 平行 に進む。

像のでき方

物体が焦点の外側にあるとき

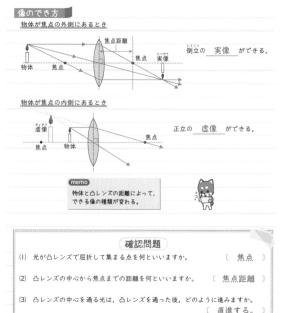

倒立の 実像 ができる。

物体が焦点の内側にあるとき

正立の 虚像 ができる。

memo
物体と凸レンズの距離によって，できる像の種類が変わる。

確認問題

(1) 光が凸レンズで屈折して集まる点を何といいますか。〔 焦点 〕

(2) 凸レンズの中心から焦点までの距離を何といいますか。〔 焦点距離 〕

(3) 凸レンズの中心を通る光は，凸レンズを通った後，どのように進みますか。〔 直進する。 〕

(4) 物体が焦点の内側にあるときにできる像を何といいますか。〔 虚像 〕

(5) 物体が焦点の外側にあるときにできる像は，正立ですか，倒立ですか。〔 倒立 〕

解説 第3章 **2** 凸レンズと像

確認問題

(1) 凸レンズを通る光は，屈折して1点に集まる。この点を焦点という。焦点は凸レンズの両側にある。

(2) 焦点距離は，凸レンズによって決まっている。凸レンズのふくらみ方が変わると，焦点距離は変わる。

(3) 凸レンズの中心を通る光は屈折しない。レンズの中心を通る光であれば，どの位置からレンズに入った光でも，凸レンズをまっすぐに通過する。

(4) 物体が焦点の内側にあるとき，凸レンズを通った光は1点に集まらず実像はできない。このときは，もとの物体と上下左右が同じ向きで，物体よりも大きい虚像ができる。
〔······ 正立

(5) 物体が焦点の外側にあるとき，凸レンズを通った光は1点に集まるため，もとの物体と上下左右が逆向きの実像ができる。
〔······ 倒立

凸レンズを通ってできる像のまとめ

●凸レンズ
中心が外側にふくらんでいるレンズ。

●焦点
凸レンズを通る光が屈折して集まる点。凸レンズの両側にある。

●光軸
凸レンズの中心と焦点を通る直線。

●焦点距離
凸レンズの中心から焦点までの距離。
物体の位置が，焦点距離に対してどの位置にあるのかによって，像の見え方が変わる。

●凸レンズを通る光の進み方
・光軸に平行な光：
凸レンズを通った後，焦点を通る。

・凸レンズの中心を通る光：
凸レンズを通った後，直進する。

・焦点を通った後，凸レンズに入る光：
凸レンズを通った後，光軸に平行に進む。

第3章 光・音・力

3 音が発生するしくみ ………………………………………………… 46・47 ページの解答

音の発生
●音の正体 ➡ 物体のゆれ。

●音が発生する原因
- ①物体のゆれ
  - 例 太鼓をたたく，ギターのげんをはじく
- ②空気の流れの変化，物体の急速な移動
  - 例 スプレーの音，バットの素振りの音
- ③空気の膨張や収縮
  - 例 雷，爆竹

②と③は，空気がゆれているよ。

①〜③は，すべて物体がゆれて音が発生している。
こういったゆれのことを ＿振動＿ という。

空気はどのように振動しているのか
・音が空気を伝わるとき…
空気の振動が，次々と波のように伝わっていく。
● ＿波＿ …振動が伝わっていく現象。

Point!
音が伝わるとき，空気自体が移動しているわけではない。

音の発生と実験器具
● ＿音源＿ …振動して音を発生するもの。

例 おんさ　　モノコード

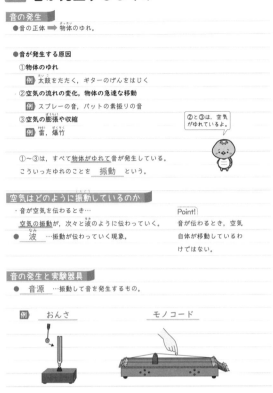

● オシロスコープ …音の大小や高低を確認する器具。

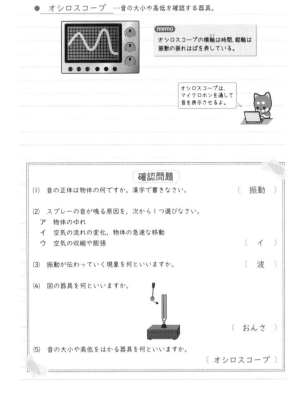

memo
オシロスコープの横軸は時間，縦軸は振動の振れはばを表している。

オシロスコープは，マイクロホンを通して音を表示させるよ。

確認問題

(1) 音の正体は物体の何ですか。漢字で書きなさい。〔 振動 〕

(2) スプレーの音が鳴る原因を，次から１つ選びなさい。
ア 物体のゆれ
イ 空気の流れの変化，物体の急速な移動
ウ 空気の収縮や膨張 〔 イ 〕

(3) 振動が伝わっていく現象を何といいますか。〔 波 〕

(4) 図の器具を何といいますか。

〔 おんさ 〕

(5) 音の大小や高低をはかる器具を何といいますか。
〔 オシロスコープ 〕

第3章 光・音・力

4 音の伝わり方 ………………………………………………… 48・49 ページの解答

音の伝わり方
・音は物体が ＿振動＿ して発生し，物体の中を ＿波＿ として伝わる。
・振動して音を発している物体を （発音体）という。
　　　　　　　　　　　　　　　音源

空気がないから伝わらないんだね。

これも覚えよう
真空中では，音は伝わらない。

●音が伝わるもの
・空気などの気体
・水などの液体
・金属などの固体

<実験>
同じおんさ A，B をならべて置き，おんさ A を鳴らすと，空気中を音の波が伝わって，おんさ B が振動して音が鳴る。

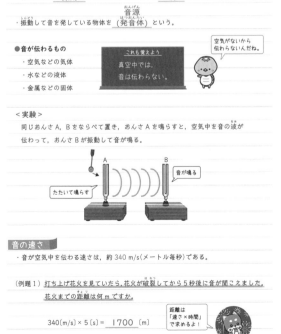

たたいて鳴らす
音が鳴る

音の速さ
・音が空気中を伝わる速さは，約 340 m/s(メートル毎秒)である。

(例題1) 打ち上げ花火を見ていたら，花火が破裂してから5秒後に音が聞こえました。花火までの距離は何 m ですか。

340[m/s]× 5[s] = ＿1700＿ [m]

距離は「速さ×時間」で求めるよ！

(例題2) 家にいたら，雷の光が見えて，それから8秒後に音が聞こえました。雷の光までの距離は何 m ですか。

340[m/s]× 8[s] = ＿2720＿ [m]

音の速さは約 20 ℃で 340 m/s で，気温が上がるほど速くなるよ。

確認問題

(1) 振動して音を発しているものを何といいますか。〔 音源
（発音体） 〕

(2) 花火が開くのが見えてから，3秒後に音が聞こえました。音の速さを 340 m/s とすると，花火までの距離は何 m ですか。
340[m/s]× 3[s] = 1020[m]

〔 1020 m 〕

(3) 音の速さを 340 m/s とすると，3.4 km 離れたところにあるスピーカーから流れた音が聞こえるまでにかかる時間は何秒ですか。
3.4[km]= 3400[m]

$$\frac{3400[m]}{340[m/s]} = 10[s]$$

〔 10 秒 〕

(4) 音の速さについて正しく説明した文を，次から１つ選びなさい。
ア 音の速さは，気温が上がると速くなる。
イ 音の速さは，気温が上がるとおそくなる。
ウ 音の速さは，気温が変わっても同じである。
〔 ア 〕

15

5 音の大きさと高さ ・・・・・・・・・・・・・・・・・・・・・・・・・・・・・・・・・・ 50・51 ページの解答

音の大きさ

● 振幅 …音源が振れる幅のこと。

大きい音を出すときは、弦を強くはじくね。

Point!
音の大きさは，振幅によって決まる。

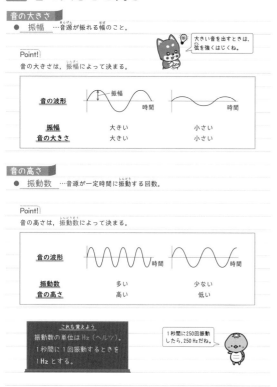

音の波形	振幅 時間	時間
振幅	大きい	小さい
音の大きさ	大きい	小さい

音の高さ

● 振動数 …音源が一定時間に振動する回数。

Point!
音の高さは，振動数によって決まる。

音の波形	時間	時間
振動数	多い	少ない
音の高さ	高い	低い

これも覚えよう
振動数の単位は Hz（ヘルツ）。
1秒間に1回振動するときを
1Hz とする。

1秒間に250回振動したら、250 Hzだね。

モノコードと音の高さ

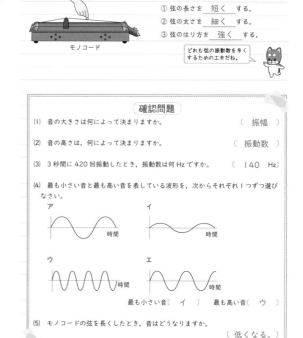

モノコード

●モノコードで高い音を出すには…
① 弦の長さを 短く する。
② 弦の太さを 細く する。
③ 弦のはり方を 強く する。

どれも弦の振動数を多くするための工夫だね。

確認問題

(1) 音の大きさは何によって決まりますか。 〔 振幅 〕

(2) 音の高さは，何によって決まりますか。 〔 振動数 〕

(3) 3秒間に 420 回振動したとき，振動数は何 Hz ですか。 〔 140 Hz 〕

(4) 最も小さい音と最も高い音を表している波形を，次からそれぞれ 1 つずつ選びなさい。

ア 時間　　イ 時間

ウ 時間　　エ 時間

最も小さい音〔 イ 〕 最も高い音〔 ウ 〕

(5) モノコードの弦を長くしたとき，音はどうなりますか。
〔 低くなる。 〕

---

6 力のはたらき ・・・・・・・・・・・・・・・・・・・・・・・・・・・・・・・・・・・・・ 52・53 ページの解答

力のはたらき

① 物体を 変形 させる。
　例 ばねをのばす。
② 物体を 支える 。
　例 かばんを手に持つ。
③ 物体の 動き （速さや向き）を変える。
　例 ボールを打ち返す。

力は目に見えないけど、力がはたらいているようすを観察することはできるね。

さまざまな力

●弾性力（弾性の力）…変形した物体がもとにもどろうとするときに生じる力。
●摩擦力…物体が接している面の間で，物体の動きを妨げるようにはたらく力。
●磁石の力（磁力）…磁石どうしの間，磁石と鉄などの物体の間ではたらく力。
●電気の力…物体どうしをこすり合わせて生じる電気の間にはたらく力。
● 重力 …地球がその中心に向かって物体を引く力。

力の三要素

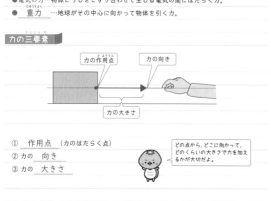

力の作用点　　力の向き

力の大きさ

① 作用点 （力のはたらく点）
② 力の 向き
③ 力の 大きさ

どの点から、どこに向かって、どのくらいの大きさで力を加えるかが大切だよ。

重さと質量

●重さ
　物体にはたらく 重力 の大きさ。単位は N （ニュートン）。

●質量
　物体そのものの量。単位は g や kg など。
　はかる場所がちがっても 変化しない 。

●質量 10 kg の鉄を地球上と月面上で比べると…

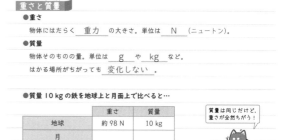

	重さ	質量
地球	約 98 N	10 kg
月（重力は地球の約 $\frac{1}{6}$）	約 16 N	10 kg

質量は同じだけど、重さが全然ちがう！

確認問題

(1) 引っぱると輪ゴムがのびるのは，次のア〜ウの力のはたらきのうち，どのはたらきによるものですか。
　ア 物体を変形させる。
　イ 物体を支える。
　ウ 物体の動きを変える。 〔 ア 〕

(2) 坂を転がるボールが止まるのは，(1)のア〜ウの力のはたらきのうち，どのはたらきによるものですか。 〔 ウ 〕

(3) ばねばかりではかることができるのは，重さと質量のどちらですか。
〔 重さ 〕

(4) 地球上で質量 300 g の物体は，月面上での質量は何 g になりますか。
〔 300 g 〕

7 力のはかり方・ばね ・・・・・・・・・・・・・・・・・・・・・・・・・・・・・・・・・・・・・・ 54・55 ページの解答

力の大きさの単位

力は，　ニュートン　(N) という単位で表される。

1 N の力は，約 100 g の物体にはたらく　重力　と同じである。

memo
重さ…物体にはたらく重力の大きさ
（単位:N）。
質量…物体そのものの量
（単位:g，kg）。

復習しておこう！

力のはかり方

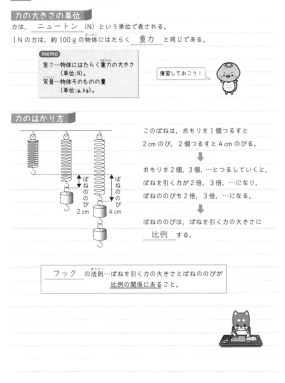

このばねは，おもりを 1 個つるすと
2 cm のび，2 個つるすと 4 cm のびる。

おもりを 2 個，3 個，…とつるしていくと，
ばねを引く力が 2 倍，3 倍，…になり，
ばねののびも 2 倍，3 倍，…になる。

ばねののびは，ばねを引く力の大きさに
　比例　する。

│　フック　の法則…ばねを引く力の大きさとばねののびが
│　　　　　　　　　　　　比例の関係にあること。

（例題）0.2 N の力を加えると 1 cm のびるばねがあります。

① このばねに 0.6 N の力を加えると，何 cm のびますか。

このときのばねののびを x〔cm〕とすると，

$$0.2〔N〕:\underline{\quad 0.6 \quad}〔N〕=\underline{\quad 1 \quad}〔cm〕:x〔cm〕$$

$$x=3〔cm〕$$

答え　3 cm

② このばねが 5 cm のびたとき，ばねに加わる力は何 N ですか。

このときばねに加わる力の大きさを y〔N〕とすると，

$$0.2〔N〕:y〔N〕=\underline{\quad 1 \quad}〔cm〕:\underline{\quad 5 \quad}〔cm〕$$

$$y=1〔N〕$$

答え　1 N

③ このばねについて，ばねを引く力の大きさと
ばねののびの関係を表すグラフをかきましょ
う。

ばねののびとばねを引く力には
比例の関係があるから，グラフは
原点を通る直線になるよ。

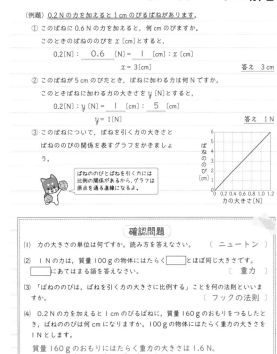

確認問題

(1) 力の大きさの単位は何ですか。読み方を答えなさい。　〔 ニュートン 〕

(2) 1 N の力は，質量 100 g の物体にはたらく ［　　　］ とほぼ同じ大きさです。
［　　　］ にあてはまる語を答えなさい。　〔 重力 〕

(3) 「ばねののびは，ばねを引く力の大きさに比例する」ことを何の法則といいま
すか。　〔 フックの法則 〕

(4) 0.2 N の力を加えると 1 cm のびるばねに，質量 160 g のおもりをつるしたと
き，ばねののびは何 cm になりますか。100 g の物体にはたらく重力の大きさを
1 N とします。

質量 160 g のおもりにはたらく重力の大きさは 1.6 N。
このときのばねののびを x〔cm〕とすると，
$0.2〔N〕:1.6〔N〕=1〔cm〕:x〔cm〕$　$x=8〔cm〕$　〔 8 cm 〕

---

8 力の表し方 ・・ 56・57 ページの解答

面ではたらく力や重力の表し方

●物体を手のひらで押したとき，手と物体の接する　面　全体から，
物体全体に力がまんべんなくはたらく。

●重力は，物体全体の各部分にまんべんなくはたらく。

●物体全体に力がはたらくとき，接する面の中心や
物体の中心を　作用点　として，1 本の矢印をかく。

たくさんの力を
1 本の矢印で
代表させよう。

力の表し方

●力の矢印のかき方

① 力がはたらく　作用点　を決めて，「・」で表す。

② 作用点から矢印をのばして，力の向きと力の大きさを表す。

　・力の向きは，矢印の　向き　で表す。

　・力の大きさは，矢印の　長さ　で表す。

➡ 1 N ＝ 1 cm のように，基準を決めておく。

作用点　　力の大きさ　　力の向き

●矢印の位置

同一直線上に 2 つ以上の力がある場合，矢印が重なってしまうことがある。

➡わかりやすくするために矢印の作用点を少し　ずらす　。

ずらすのは作用点
だけだよ。

memo
矢印の向きや長さを
変えないように注意する。

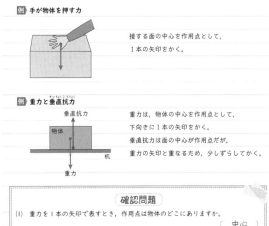

例 手が物体を押す力

接する面の中心を作用点として，
1 本の矢印をかく。

例 重力と垂直抗力

垂直抗力

物体

机

重力

重力は，物体の中心を作用点として，
下向きに 1 本の矢印をかく。

垂直抗力は面の中心が作用点だが，
重力の矢印と重なるため，少しずらしてかく。

確認問題

(1) 重力を 1 本の矢印で表すとき，作用点は物体のどこにありますか。
〔 中心 〕

(2) 力の三要素のうち，矢印の長さに比例するものはどれですか。
〔 力の大きさ 〕

(3) 力の矢印が重なるとき，見やすくするために変えるのは，力の三要素のうちど
れですか。　〔 作用点 〕

(4) 力を表す矢印について正しく説明した文を，次から 1 つ選びなさい。
ア　作用点は，つねに物体の表面に表す。
イ　矢印で力を表すときは，なるべく多くの矢印で表す。
ウ　矢印の向きと力の向きは同じである。
エ　力の大きさは，矢印の太さに比例する。

〔 ウ 〕

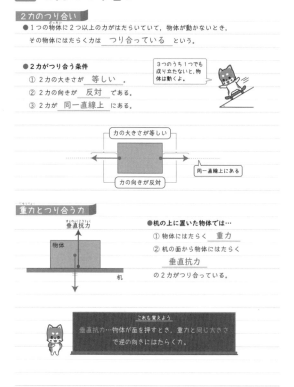

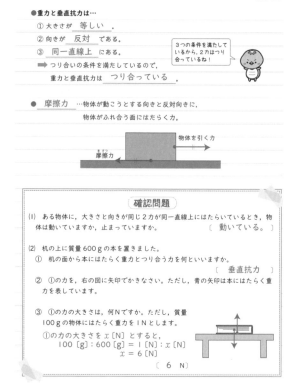

解説 第3章 9 2力のつり合い

確認問題

(1) 1つの物体にはたらく2力が同じ向きであるとき，2力はつり合わず，物体は動く。物体にはたらく同じ大きさの2力が，同一直線上にあり反対向きであるとき，物体は止まる。

(2)①，② 机の上に置いた物体には，下向きに重力がはたらいている。このとき，机の上面から物体を垂直に押す，重力と同じ大きさで反対向きの垂直抗力がはたらく。

③ 質量が100gの物体にはたらく重力が1Nなので，質量が600gの物体にはたらく重力の大きさは6Nである。机の上に置いた本にはたらく垂直抗力の大きさは，本にはたらく重力の大きさと同じなので，6Nである。
　　　　　 ←・・・・・垂直抗力とつり合っている。

力のつり合いのまとめ

● 1つの物体に2つ以上の力がはたらいていて，物体が動かないとき，その物体にはたらく力はつり合っているという。

● 2力がつり合う条件
・2力の大きさが等しい。
・2力の向きが反対である。
・2力が同一直線上にある。
物体は，3つの条件がすべてそろったときにつり合う。

● 力のつり合いと物体の動き
・力がつり合っているとき，物体は動かない。
・力がつり合っていないとき，物体は動く。

● 垂直抗力
水平な面に物体を置いたとき，面から物体に対して，重力と同じ大きさで重力と反対向きにはたらく力。このとき，垂直抗力と重力はつり合っている。

● 摩擦力
物体が動こうとする向きと反対向きに，物体がふれ合う面にはたらく力。

1 大地を伝わる地震のゆれ ･･････････････････････････ 60・61 ページの解答

震源と震央

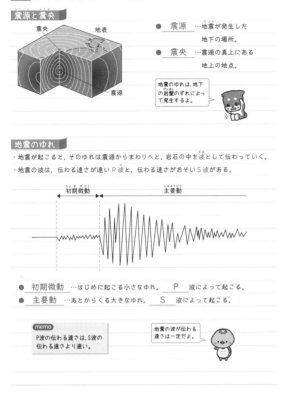

● 震源 …地震が発生した地下の場所。

● 震央 …震源の真上にある地上の地点。

地震のゆれは、地下の岩盤のずれによって発生するよ!

初期微動継続時間

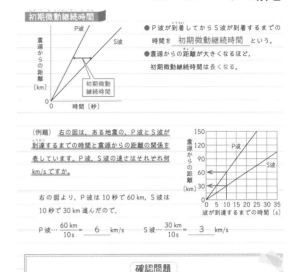

震源からの距離〔km〕

● P波が到着してからS波が到着するまでの時間を 初期微動継続時間 という。

● 震源からの距離が大きくなるほど、初期微動継続時間は 長くなる。

（例題）右の図は、ある地震の、P波とS波が到達するまでの時間と震源からの距離の関係を表しています。P波、S波の速さはそれぞれ何km/sですか。

右の図より、P波は 10 秒で 60 km、S波は10 秒で 30 km 進んだので、

P波… $\dfrac{60\ km}{10\ s}$ ＝ 6 km/s 　　S波… $\dfrac{30\ km}{10\ s}$ ＝ 3 km/s

震源からの距離〔km〕
波が到達するまでの時間〔s〕

地震のゆれ

・地震が起こると、そのゆれは震源からまわりへと、岩石の中を波として伝わっていく。

・地震の波は、伝わる速さが速い P 波と、伝わる速さがおそい S 波がある。

初期微動　　　　　主要動

● 初期微動 …はじめに起こる小さなゆれ。 P 波によって起こる。

● 主要動 …あとからくる大きなゆれ。 S 波によって起こる。

memo
P波の伝わる速さは、S波の伝わる速さより速い。

地震の波が伝わる速さは一定だよ。

確認問題

(1) 地震のゆれが発生した地下の場所を何といいますか。 〔 震源 〕

(2) 震源の真上にある、地上の地点を何といいますか。 〔 震央 〕

(3) 地震が発生したとき、はじめの小さいゆれのあとにくる大きなゆれを何といいますか。 〔 主要動 〕

(4) P波が到着してからS波が到着するまでの時間のことを何といいますか。 〔 初期微動継続時間 〕

---

2 ゆれの大きさと地震の規模 ･･････････････････････ 62・63 ページの解答

震度

● ある地点での地震によるゆれの大きさのことを 震度 という。

● 日本では、震度の階級は、 10 段階に分けられている。

震度	ゆれに対する人の感じ方
0	人はゆれを感じない。
1	屋内で静かにしている人の中には、ゆれをわずかに感じる人がいる。
2	屋内で静かにしている人の大半が、ゆれを感じる。眠っている人の中には、目を覚ます人もいる。
3	屋内にいる人のほとんどが、ゆれを感じる。眠っている人の大半が目を覚ます。
4	歩いている人のほとんどが、ゆれを感じる。眠っている人のほとんどが、目を覚ます。
5弱	大半の人が恐怖をおぼえ、ものにつかまりたいと感じる。
5強	大半の人が、ものにつかまらないと歩くことが難しいなど、行動に支障を感じる。
6弱	立っていることが困難になる。
6強	立っていることができず、はわないと動くことができない。
7	ゆれにほんろうされ、動くこともできず、飛ばされることもある。

● ふつう、震度は震央の近くで最も大きく、震源から遠くなるほど 小さい 。

memo
震源からの距離が同じでも、岩盤の強度のちがいなどで震度がちがうことがある。

地震のゆれの大きさは、各観測地点にある地震計で観測しているよ。

地震計のしくみ

ばね
おもり
記録紙　針

● 地震で地面がゆれると、記録紙は動くが、 おもり と 針 は動かないので、ゆれを記録紙に記録することができる。

● 地震計の記録

初期微動　　主要動

はじめに起こるのが初期微動、あとからくるのが主要動だったね。

マグニチュード

● 地震そのものの規模の大きさのことを マグニチュード といい、記号は M で表す。

● マグニチュードの数値が1大きくなると、エネルギーは約 32 倍に、2大きくなると 1000 倍になる。

● マグニチュードが大きい地震ほど、ゆれが伝わる範囲が広くなり、同じ地点の震度は大きくなる。

Point!
マグニチュードは、1つの地震で1つの数値しかないが、震度は震源からの距離によって、場所ごとにちがう数値になる。

確認問題

(1) 地震によるゆれの大きさのことを何といいますか。 〔 震度 〕

(2) (1)は日本では何段階に分けられていますか。 〔 10 段階 〕

(3) 地震そのものの規模の大きさのことを何といいますか。 〔 マグニチュード 〕

(4) (3)は記号でどのように表しますか。 〔 M 〕

(5) マグニチュードの数値が1大きくなると、エネルギーは約何倍になりますか。 〔 約 32 倍 〕

3 地震が起こるしくみ ……………………………………………… 64・65 ページの解答

日本付近のプレート
●十数枚のかたい板の形をしていて，地球表面をおおっている岩石のかたまりを 　プレート 　という。

日本海　日本列島　日本海溝　太平洋
大陸プレート　海洋プレート

memo
日本付近には，北アメリカプレート，太平洋プレート，フィリピン海プレート，ユーラシアプレートがある。

プレートの境界付近で地震が起こるしくみ

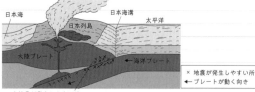

日本海　日本列島　日本海溝　太平洋
大陸プレート　海洋プレート

× 地震が発生しやすい所
← プレートが動く向き

大地震が発生しやすい所

●プレートの境界付近で地震が起こるしくみ
① 　海洋プレート 　が 　大陸プレート 　の下に沈みこむ。
② 　大陸プレート 　が 　海洋プレート 　に引きずりこまれる。
③ 岩石が破壊されて地震が起こる。
●プレートの境界付近で起こる地震の震源の深さは，日本海溝から大陸側に向かって深くなる。

プレートの境界付近で起こる地震を，海溝型地震というよ。

大地の変動
●大地に大きな力がはたらいてできる地層のずれを 　断層 　という。
●今後も活動して地震を起こす可能性がある断層を 　活断層 　という。

活断層のずれによって起こる地震を，内陸型地震というよ。

これも覚えよう
大規模な地震が起こり，大地がもち上がることを隆起，大地が沈むことを沈降といい，海岸ぞいにできる，平らな土地と急ながけが階段状に並んだ地形を海岸段丘という。

確認問題
(1) 地球の表面をおおっている，十数枚の板の形をした岩石のかたまりを何といいますか。
〔 プレート 〕

(2) 大地に大きな力がはたらいてできる地層のずれを何といいますか。
〔 断層 〕

(3) (2)のうち，今度も活動して地震を起こす可能性があるものを何といいますか。
〔 活断層 〕

(4) 大規模な地震が起こり，大地がもち上がることを何といいますか。
〔 隆起 〕

(5) 海岸ぞいにできる，平らな土地と急ながけが階段状に並んだ地形を何といいますか。
〔 海岸段丘 〕

4 地震による災害 ……………………………………………… 66・67 ページの解答

地震による災害
●地震による災害には，地震のゆれによる直接的な被害(一次災害)と，一次災害をきっかけに続けて起きる被害(二次災害)がある。
●一次災害…建物の倒壊，地割れ，土砂崩れ，液状化現象など
・ 　地滑り 　…地震などによって，斜面の一部がかたまりとして流れ下る現象。
・ 　液状化現象 　…地震によって，地面が急にやわらかくなる現象。
●二次災害…津波，火災，ライフラインの遮断など
・ 　津波 　…地震による大規模で急激な海底の変形によって発生することがある，大量の海水が上下に変動して引き起こされる波。

memo
津波は，震央が海域にあり，震源が浅いときに発生しやすい。

緊急地震速報
●地震が発生した直後に発表される，強いゆれがくることを事前に知らせる情報を 　緊急地震速報 　という。
●緊急地震速報は，震源に近い観測地点で 　P波 　のゆれを検知し，　S波 　の到着時刻や震度を予測し発表するしくみである。

これも覚えよう
P波…初期微動を起こす波。
S波…主要動を起こす波。
P波の伝わる速さは，S波の伝わる速さより速い。

緊急地震速報は，P波とS波の速さのちがいを利用しているんだね。

地震への備え
●地震や火山の噴火などによる被害の予測や避難場所などを示した地図を 　ハザードマップ 　という。

●地震が発生し，津波の発生が予想されるときには，気象庁から津波警報や津波注意報が発表される。

memo
地震が発生したら，避難経路を確保するため，戸や窓を開けるようにし，倒れやすいものに近づかない。

身の安全を守る行動をしよう。

確認問題
(1) 地震によって，地面が急にやわらかくなる現象を何現象といいますか。
〔 液状化 　現象〕

(2) 地震による大規模で急激な海底の変形によって発生することがある波を何といいますか。
〔 津波 〕

(3) 地震が発生した直後に発表される，強いゆれがくることを事前に知らせる情報を何といいますか。
〔 緊急地震速報 〕

(4) (3)は何と何の速さのちがいを利用して発表されていますか。
〔 P波 〕と〔 S波 〕

(5) 地震や火山の噴火などによる被害の予測や避難場所などを示した地図を何といいますか。
〔 ハザードマップ 〕

5 火山の活動 ·················

火山の噴火

- マグマ …地下にある岩石が，地球内部の熱によってどろどろにとけたもの。
- 火山噴出物…火山が噴火したときに噴出する，マグマがもとになってできたもの。

マグマ

火山の噴火とは，マグマが地表にふき出すことだよ。

火山噴出物

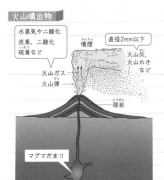

水蒸気や二酸化炭素，二酸化硫黄など

直径2mm以下
噴煙

火山ガス
火山弾
溶岩

マグマだまり

- 溶岩 …マグマが地表に流れ出たもの。
- 火山灰 …直径 2 mm 以下の粒。火山灰，火山れきなど
- 火山弾 …ふき飛ばされたマグマが空中で冷えて固まったときにラグビーボール型になったもの。

memo
火山灰と火山れきは，粒の大きさで区別される。

鉱物

- 鉱物…火山噴出物にふくまれるマグマが冷えてできた粒で，結晶になったもの。
  ・ 無色 鉱物…セキエイ，チョウ石など
  ・ 有色 鉱物…クロウンモ，カクセン石，キ石，カンラン石など

マグマと火山

火山の形	傾斜のゆるやかな形	円すいの形	ドーム状の形
マグマのねばりけ	弱い ◄――――――――――► 強い		
噴火のようす	おだやか ◄――――――――――► 激しい		
火山噴出物の色	黒っぽい ◄――――――――――► 白っぽい		
火山の例	マウナロア キラウエア	桜島 浅間山	昭和新山 雲仙普賢岳

- 火山の形は，マグマのねばりけが 弱い と傾斜のゆるやかな形になり，マグマのねばりけが 強い とドーム状の形になる。
- 噴火のようすは，マグマのねばりけが 弱い とおだやかに噴火し，マグマのねばりけが 強い と激しい噴火をする。
- 火山噴出物の色は，マグマのねばりけが 弱い と黒っぽく，マグマのねばりけが 強い と白っぽくなる。

【 確認問題 】

(1) 地下にある岩石が，地球内部の熱でどろどろにとけたものを何といいますか。
〔 マグマ 〕

(2) 火山が噴火したときに噴出するものを何といいますか。
〔 火山噴出物 〕

(3) (2)にふくまれる，マグマが冷えてできた結晶の粒を何といいますか。
〔 鉱物 〕

(4) 傾斜のゆるやかな火山をつくるマグマのねばりけは強いですか，弱いですか。
〔 弱い。 〕

(5) (2)の色が白っぽい火山をつくるマグマのねばりけは強いですか，弱いですか。
〔 強い。 〕

---

6 火成岩 ·················

火成岩

- マグマが冷え固まってできた岩石を 火成岩 といい，できた場所や冷え固まり方のちがいによって，火山岩と深成岩の 2 種類に分けられる。

種類	火山岩	深成岩
できた場所	地表や地表付近	地下の深いところ
でき方	急に冷えて固まる	ゆっくり冷えて固まる
つくり	斑状組織	等粒状組織
	細かい粒（石基）の中に，比較的大きな鉱物（斑晶）が散らばっている。	ほぼ同じ大きさの鉱物が集まっている。
岩石の例	流紋岩，安山岩，玄武岩	花こう岩，せん緑岩，斑れい岩

石基　斑晶

- 火山岩…マグマが，地表や地表付近で 急に 冷えて固まった岩石。
  例 流紋岩，安山岩， 玄武岩
- 深成岩 …マグマが，地下の深いところでゆっくり冷えて固まった岩石。
  例 花こう岩 ，せん緑岩，斑れい岩

Point!
火成岩の色は，マグマのねばりけが弱いと黒っぽく，マグマのねばりけが強いと白っぽくなる。

火山岩のつくり

石基
斑晶

斑状組織 …火山岩のつくり。
比較的大きな鉱物を 斑晶 ，細かい粒の部分を 石基 という。

深成岩のつくり

等粒状組織 …深成岩のつくり。
ほぼ同じ大きさの鉱物が集まっている。

マグマがゆっくり冷やされると粒が大きくなるんだね。

【 確認問題 】

(1) マグマが冷え固まってできた岩石を何といいますか。 〔 火成岩 〕

(2) マグマが，地表や地表付近で急に冷えて固まった岩石を何といいますか。
〔 火山岩 〕

(3) (2)の岩石のつくりを何といいますか。 〔 斑状組織 〕

(4) マグマが，地下の深いところでゆっくり冷えて固まった岩石を何といいますか。
〔 深成岩 〕

(5) (4)の岩石のつくりを何といいますか。 〔 等粒状組織 〕

解説 第4章 6 火成岩

確認問題

(1) マグマが冷え固まってできた岩石を火成岩という。火成岩は、できた場所や冷え固まり方のちがいによって、火山岩と深成岩に分けられる。

(2),(4) 火成岩のうち、マグマが地表や地表付近で急に冷えて固まったものを火山岩、地下の深いところでゆっくり冷えて固まったものを深成岩という。

(3) 火山岩は、肉眼でわからないほど細かい粒である石基の中に、比較的大きな鉱物である斑晶が散らばったつくりをしている。このつくりを斑状組織という。石基は、マグマが急に冷え固まったために、大きな鉱物にならなかった部分である。

(5) 深成岩は、ほぼ同じ大きさの鉱物が集まったつくりをしている。このつくりを等粒状組織という。

火成岩のまとめ

●火成岩

マグマが冷え固まってできた岩石。

・火山岩

マグマが地表や地表付近で急に冷えて固まった岩石。白っぽいものから黒っぽいものへ、流紋岩、安山岩、玄武岩に分類される。

・深成岩

マグマが地下の深いところでゆっくり冷えて固まった岩石。白っぽいものから黒っぽいものへ、花こう岩、せん緑岩、斑れい岩に分類される。

●斑状組織

細かい粒である石基の中に、比較的大きな鉱物である斑晶が散らばったつくり。火山岩にみられる。

●等粒状組織

ほぼ同じ大きさの鉱物が集まったつくり。深成岩にみられる。

第4章 大地の変化
7 地層のでき方 ・・・・・・・・・・・・・・ 72・73ページの解答

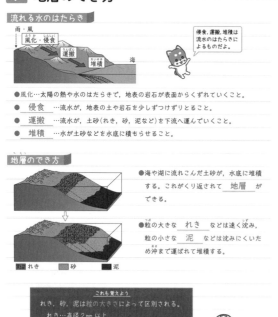

流れる水のはたらき

●風化…太陽の熱や水のはたらきで、地表の岩石が表面からくずれていくこと。
●侵食　…流水が、地表の土や岩石を少しずつけずりとること。
●運搬　…流水が、土砂（れき、砂、泥など）を下流へ運んでいくこと。
●堆積　…水が土砂などを水底に積もらせること。

地層のでき方

●海や湖に流れこんだ土砂が、水底に堆積する。これがくり返されて 地層 ができる。

●粒の大きな れき などは速く沈み、粒の小さな 泥 などは沈みにくいため沖まで運ばれて堆積する。

■ れき　■ 砂　■ 泥

これも覚えよう
れき、砂、泥は粒の大きさによって区別される。
れき…直径2mm以上
砂…直径0.06〜2mm
泥…直径0.06mm以下

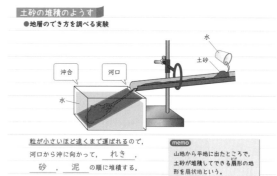

土砂の堆積のようす

●地層のでき方を調べる実験

粒が小さいほど遠くまで運ばれるので、河口から沖に向かって、 れき 、 砂 、 泥 の順に堆積する。

memo
山地から平地に出たところで、土砂が堆積してできる扇形の地形を扇状地という。

確認問題

(1) 太陽の熱や水のはたらきで、地表の岩石が表面からくずれていくことを何といますか。〔 風化 〕

(2) 川の上流など、流れが速いところで、流れる水が川岸や川底の岩石をけずる作用を何といいますか。〔 侵食 〕

(3) 流れる水が、(2)のはたらきによってできた土砂を運ぶはたらきを何といいますか。〔 運搬 〕

(4) 流れる水によって運ばれた土砂が、海底や湖底などに積もる作用を何といいますか。〔 堆積 〕

(5) れき、砂、泥のうち、水中で最も沈みにくいのはどれですか。〔 泥 〕

堆積岩

●地層をつくっている堆積物が，長い年月の間に押し固められてできた岩石を 堆積岩 という。化石をふくむことがある。

●堆積岩には，れき岩，砂岩，泥岩，石灰岩，チャート，凝灰岩などがある。

 堆積物が押し固められてできた岩石だから，堆積岩というんだね。

 堆積岩には化石をふくむものもあるよ。

れき岩・砂岩・泥岩

●れき岩，砂岩，泥岩は，堆積物の粒の大きさによって区別される。

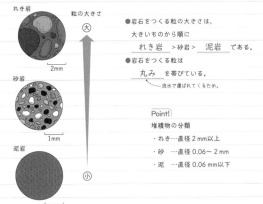

れき岩

2mm

砂岩

1mm

泥岩

0.5mm

粒の大きさ（大）

●岩石をつくる粒の大きさは，大きいものから順に れき岩 ＞砂岩＞ 泥岩 である。

●岩石をつくる粒は 丸み を帯びている。
←流水で運ばれてくるため。

Point!
堆積物の分類
・れき…直径2mm以上
・砂 …直径0.06～2mm
・泥 …直径0.06mm以下

（小）

石灰岩・チャート・凝灰岩

●水中の生物の遺がいなどが堆積してできた堆積岩

・ 石灰岩 …うすい塩酸をかけると二酸化炭素が発生するもの。

・ チャート …うすい塩酸をかけても気体が発生しないもの。

memo
石灰岩の主成分は炭酸カルシウム。
チャートの主成分は二酸化ケイ素である。

石灰岩

1mm

● 凝灰岩 …火山灰，火山れき，軽石などの火山噴出物が堆積してできた堆積岩。凝灰岩をつくる粒は角ばっている。

凝灰岩

1mm

確認問題

(1) 地層をつくっている堆積物が，長い年月の間に押し固められてできた岩石を何といいますか。 〔 堆積岩 〕

(2) れき岩，砂岩，泥岩のうち，岩石をつくる粒が最も大きいものはどれですか。 〔 れき岩 〕

(3) 水中の生物の遺がいなどが堆積してできた堆積岩のうち，うすい塩酸をかけると気体が発生するものを何といいますか。 〔 石灰岩 〕

(4) 水中の生物の遺がいなどが堆積してできた堆積岩のうち，うすい塩酸をかけても気体が発生しないものを何といいますか。 〔 チャート 〕

(5) 火山灰，火山れき，軽石などの火山噴出物が堆積してできた堆積岩を何といいますか。 〔 凝灰岩 〕

解説 第4章 8 堆積岩

確認問題

(1) 地層をつくっている堆積物は，長い年月の間に押し固められて岩石となる。この岩石は堆積岩とよばれ，堆積するものの種類によってさらに分類される。

(2) れき岩，砂岩，泥岩は，いずれも流水によって運ばれた岩石などのかけらが堆積してできた岩石である。れき岩は，大きさが直径2mm以上の粒からできている。

(3), (4) 石灰岩とチャートは，いずれも水中の生物の遺がいなどが堆積してできた岩石である。石灰岩にうすい塩酸をかけると二酸化炭素が発生するが，チャートにうすい塩酸をかけても気体は発生しない。

(5) 火山が噴火すると，火山灰，火山れき，軽石などが噴出する。これらを火山噴出物という。火山噴出物が堆積してできた凝灰岩の粒は角ばっているのが特徴である。

れき岩，砂岩，泥岩の粒は，流水でけずられて丸みを帯びている。

堆積岩のまとめ

●堆積岩

地層をつくっている堆積物が，長い年月の間に押し固められてできた岩石。

・流水によって運ばれた岩石などのかけらが堆積してできた堆積岩は，岩石にふくまれる粒の大きさによって区別される。

岩石をつくる粒の大きさが大きいものから順に，れき岩，砂岩，泥岩という。

・水中の生物の遺がいなどが堆積してできた岩石のうち，

うすい塩酸をかけると二酸化炭素が発生するものを石灰岩，
←主成分は炭酸カルシウム。

うすい塩酸をかけても気体が発生しないものをチャート
←主成分は二酸化ケイ素。

という。

・火山灰，火山れき，軽石などの火山噴出物が堆積してできた岩石を凝灰岩という。

9 地層の種類と化石 ・・・・・・・・・・・・・・・・・・・・・・・・・・・・・・・・ 76・77 ページの解答

地層の観察

- ●柱状図…地層の重なり方を一本の柱のように表したもの。
- ● かぎ層 …火山灰の層のように，地層のつながりがわかる手がかりになる層。

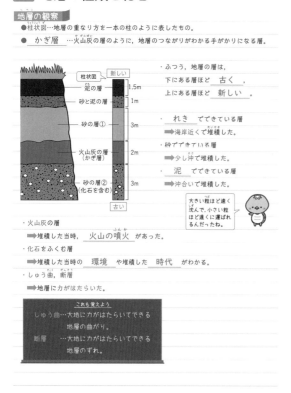

- ・ふつう，地層の層は，下にある層ほど 古く ，上にある層ほど 新しい 。
- ・ れき でできている層
  ➡海岸近くで堆積した。
- ・砂でできている層
  ➡少し沖で堆積した。
- ・ 泥 でできている層
  ➡沖合いで堆積した。

大きい粒ほど速く沈んで,小さい粒ほど遠くに運ばれるんだったね。

- ・火山灰の層
  ➡堆積した当時， 火山の噴火 があった。
- ・化石をふくむ層
  ➡堆積した当時の 環境 や堆積した 時代 がわかる。
- ・しゅう曲，断層
  ➡地層に力がはたらいた。

これも覚えよう
しゅう曲…大地に力がはたらいてできる地層の曲がり。
断層 …大地に力がはたらいてできる地層のずれ。

化石

- ●生物の遺がいや，すんでいたあとが地層中に残っているものを 化石 という。
- ● 示相化石 …地層ができた当時の環境がわかる化石。

示相化石の例

浅い海	あたたかくて浅い海	湖や河口
アサリ，ハマグリなど	サンゴなど	シジミなど

- ● 示準化石 …地層ができた当時の年代がわかる化石。

示準化石の例

古生代	中生代	新生代
サンヨウチュウなど	アンモナイト，恐竜など	メタセコイア，ナウマンゾウなど

memo
地球の歴史は，示準化石などをもとにして，古生代，中生代，新生代などの地質年代に区分されている。

確認問題

(1) 地層の重なり方を一本の柱のように表したものを何といいますか。
〔 柱状図 〕

(2) 地層に力がはたらいて，押し曲げられたものを何といいますか。
〔 しゅう曲 〕

(3) 地層ができた当時の環境がわかる化石を何といいますか。
〔 示相化石 〕

(4) 地層ができた当時の年代がわかる化石を何といいますか。
〔 示準化石 〕

---

10 地形からわかる大地の変動 ・・・・・・・・・・・・・・・・・・・・・・・ 78・79 ページの解答

大地の変動

- ●断層…大地に大きな力がはたらいてできる地層のずれ。
- ● 隆起 …大地がもち上がること。
- ● 沈降 …大地が沈むこと。
- ● しゅう曲 …大地に力がはたらいてできる地層の曲がり。

memo
火山活動やプレート運動にともなう大地の変動などは，わたしたちに自然の恵み（温泉，地熱発電，美しい景観など）をもたらしている。

海溝と海嶺

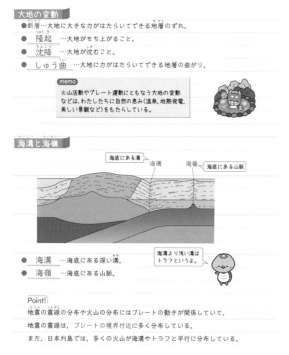

- ● 海溝 …海底にある深い溝。
- ● 海嶺 …海底にある山脈。

海溝より浅い溝はトラフというよ。

Point!
地震の震源の分布や火山の分布にはプレートの動きが関係していて，地震の震源は，プレートの境界付近に多く分布している。
また，日本列島では，多くの火山が海溝やトラフと平行に分布している。

日本列島付近のプレート

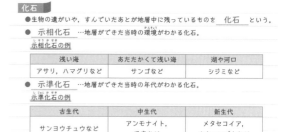
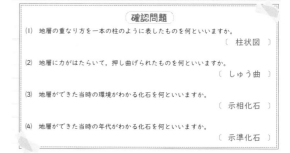

- ●東日本付近では， 太平洋プレート （海洋プレート）が大陸プレートの下に沈みこみ，日本海溝ができる。
  その結果，日本列島には巨大な山脈や山地が位置する。

確認問題

(1) 大地がもち上がることを何といいますか。
〔 隆起 〕

(2) 海底にある深い溝を何といいますか。
〔 海溝 〕

(3) プレートの境界で(2)ができるときに，下に沈みこむのは大陸プレートと海洋プレートのうちどちらですか。
〔 海洋プレート 〕

(4) 日本付近のプレートのうち，海洋プレートであるものを2つ答えなさい。
〔 太平洋プレート 〕，〔 フィリピン海プレート 〕

15557 答